AF275066

COLEX

Disfrute gratuitamente **DURANTE UN AÑO** del eBook de esta obra

⊘ Acceda a la página web de la editorial **www.colex.es**

⊘ Identifíquese con su usuario y contraseña. En caso de no disponer de una cuenta regístrese.

⊘ Acceda en el menú de usuario a la pestaña «Mis códigos» e introduzca el que aparece a continuación:

RASCAR PARA VISUALIZAR EL CÓDIGO

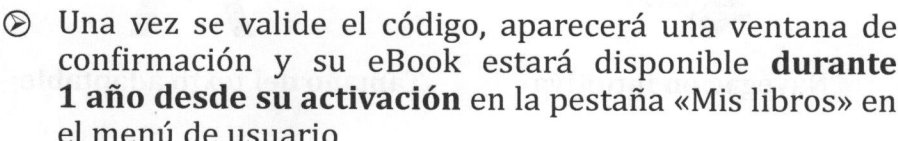

⊘ Una vez se valide el código, aparecerá una ventana de confirmación y su eBook estará disponible **durante 1 año desde su activación** en la pestaña «Mis libros» en el menú de usuario

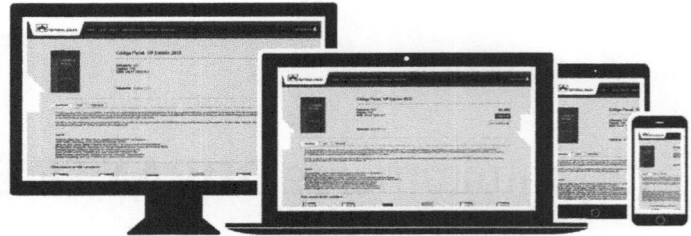

¡Gracias por confiar en Colex!

La obra que acaba de adquirir incluye de forma gratuita la versión electrónica. Acceda a nuestra página web para aprovechar todas las funcionalidades de las que dispone en nuestro lector.

Funcionalidades eBook

**Acceso desde
cualquier dispositivo**

**Idéntica visualización
a la edición de papel**

Navegación intuitiva

Tamaño del texto adaptable

Síguenos en:

RECLAMACIÓN DE HUMEDADES

Daños por humedades en vivienda
o local: ¿a quién reclamar?

RECLAMACIÓN DE HUMEDADES

Daños por humedades en vivienda
o local: ¿a quién reclamar?

2.ª EDICIÓN 2024

**Obra realizada por el Departamento de
Documentación de Iberley**

COLEX 2024

© Editorial Colex, S.L.
Calle Costa Rica, número 5, 3.º B (local comercial)
A Coruña, 15004, A Coruña (Galicia)
info@colex.es
www.colex.es

I.S.B.N.: 978-84-1194-483-0
Depósito legal: C 729-2024

SUMARIO

ANEXO I.
CASOS PRÁCTICOS

ANEXO II.
FORMULARIOS

SUMARIO

1.
HUMEDADES EN VIVIENDAS Y LOCALES. ¿A QUIÉN RECLAMAR? EL ORIGEN DE LAS HUMEDADES

La aparición de humedades en nuestras viviendas o locales es una problemática que incide en el bienestar de las personas, tanto desde un punto de vista personal —como consecuencia de, por ejemplo, la posible aparición de enfermedades derivadas de la exposición a dichos agentes térmicos— como a nivel económico, con ocasión de los perjuicios que nos puede ocasionar tener que asumir el coste de las reparaciones o incluso el lucro cesante en aquellos supuestos en los que, la filtración o humedad existente, nos limite a la hora del ejercicio de aquellos negocios jurídicos inherentes de la propiedad tales como el alquiler de la vivienda, del local o, en su caso, del ejercicio de la profesión o actividad económica que se ejercite o desarrolle dentro del mismo.

CUESTIÓN

¿Qué tipo de humedades podemos encontrarnos?

–   Humedades por filtración: tienen un origen externo (precipitaciones atmosféricas o aguas subterráneas). Generalmente la mala ejecución de la obra tiene consecuencia directa en su aparición.

–   Humedades por capilaridad: tienen origen en una acumulación de agua que se encuentra en contacto con un material poroso.

–   Humedades por condensación: tienen origen en la ausencia o insuficiencia del aislamiento y/o una indebida ventilación.

–   Humedades accidentales: tienen origen en la rotura o fisura de una instalación por la que pasa el agua.

1.1. Protección frente a la humedad

De conformidad con la Ley 38/1999, de 5 de noviembre, de Ordenación de la Edificación (en adelante **LOE**), la construcción de un edificio requiere el **preceptivo cumplimiento de determinadas exigencias en materia de seguridad y de habitabilidad.**

En este sentido, y en relación con las concretas **exigencias frente a la humedad,** es a través del denominado como «Documento Básico DB-HS Salubridad» donde nuestro ordenamiento jurídico recoge la debida limitación del riesgo previsible de presencia inadecuada de agua o humedad en el interior de los edificios y en sus cerramientos como consecuencia del agua procedente de precipitaciones atmosféricas, de escorrentías, del terreno o de condensaciones, disponiendo medios que impidan su penetración o, en su caso, permitan su evacuación sin producción de daños.

Es concretamente en el apartado 3.º del artículo 13 del Real Decreto 314/2006, de 17 de marzo, por el que se aprueba el Código Técnico de la Edificación, donde se recoge de forma específica la referencia al documento básico de salubridad y su ámbito de protección:

> «3. **El Documento Básico "DB-HS Salubridad"** especifica parámetros objetivos y procedimientos cuyo cumplimiento asegura la satisfacción de las exigencias básicas y la superación de los niveles mínimos de calidad propios del requisito básico de salubridad.
> 13.1 **Exigencia básica HS 1: Protección frente a la humedad:** se limitará el riesgo previsible de presencia inadecuada de agua o humedad en el interior de los edificios y en sus cerramientos como consecuencia del agua procedente de **precipitaciones atmosféricas, de escorrentías, del terreno o de condensaciones,** disponiendo medios que impidan su penetración o, en su caso permitan su evacuación sin producción de daños».

La Ley 38/1999, de 5 de noviembre, de Ordenación de la Edificación, tiene por objeto «regular en sus aspectos esenciales el proceso de la edificación, estableciendo las **obligaciones y responsabilidades de los agentes que intervienen en dicho proceso,** así como las garantías necesarias para el adecuado desarrollo del mismo, con el fin de asegurar la calidad mediante el cumplimiento de los requisitos básicos de los edificios y la adecuada protección de los intereses de los usuarios».

Sin embargo, la protección que otorga la Ley de Ordenación de la Edificación, así como sus normas y documentos de desarrollo frente a las humedades, **no es, tal y como veremos, absoluta (ni tampoco ilimitada en el tiempo).**

Por su parte, y en el supuesto de que la vivienda en la que se manifiestan las humedades pertenezca a una comunidad de vecinos, tampoco debemos olvidar que, independientemente de los defectos constructivos, nuestro ordenamiento jurídico prevé, a través de lo dispuesto en el artículo 10 de la Ley de Propiedad Horizontal, la obligación de la comunidad de propietarios a realizar aquellas **obras de mantenimiento y reparación de los elementos comunes** que eviten humedades o filtraciones que produzcan daños en elementos privativos. Todo ello, sin perjuicio del hecho de que, si la filtración o humedad deviene de defectos de la construcción y nos encontramos dentro del plazo previsto al efecto, la comunidad de propietarios pueda repercutir contra los agentes que hayan participado en el proceso de edificación en virtud de las previsiones contenidas en la LOE (véase en este sentido la **sentencia de la AP de Madrid n.º 615/2008, de 11 de diciembre,**

ECLI:ES:APM:2008:1896 o SAP de Málaga n.º 474/2018, de 13 de septiembre, ECLI:ES:APMA:2018:2937.

Asimismo, también cabe la posibilidad de que la causa y origen de la humedad **no devenga como consecuencia de un defecto en la construcción sino por la actuación de un vecino** (responsabilidad aquiliana).

Consecuencia de todo lo anterior, resulta que, cuando nos encontremos ante una humedad, de forma previa a su reclamación, es **fundamental determinar, de forma clara y expresa, las causas y el origen de la misma.**

1.2. ¿A quién debo reclamar?
Causas y origen de las humedades

Con el fin de depurar las responsabilidades, lo más apropiado sería realizar un estudio específico en el que, a través de un peritaje llevado a cabo por un experto en la materia, **se deduzca objetivamente la causa y el origen de la humedad que origina los daños.**

Patologías derivadas de defectos en la construcción

De encontrarnos con que la causa y el origen de la humedad deviene en virtud de defectos de la construcción y, toda vez que, tal y como recoge la exposición de motivos de la LOE, «todos los agentes que intervienen en el proceso de la edificación, durante tres años, responderán por los daños materiales en el edificio causados por vicios o defectos que afecten a la habitabilidad», podremos dirigir nuestra reclamación contra los agentes de la edificación.

Si bien, tal y como desarrollaremos en el punto relativo a «Humedades por defectos de la construcción. Supuesto de las viviendas de nueva construcción. Reclamación a los agentes de la edificación», solo podremos ejercitar esta acción en aquellos supuestos en los que nos encontremos dentro del plazo legal estipulado en la norma —3 años para daños afectantes de habitabilidad— y siempre que la construcción o, en su caso, la obra realizada en edificios ya existentes hubiera tenido lugar a partir de la fecha de su entrada en vigor el 6 de mayo del 2000 (disposición transitoria primera de la LOE).

Patologías con origen en elementos comunes

Por su parte, tal y como ya advertimos en líneas anteriores, independientemente de la responsabilidad en que puedan incurrir los agentes que intervienen en el proceso de edificación, la comunidad de propietarios se encuentra **obligada a mantener el buen estado del edificio.**

Así, y para el caso de que la humedad tuviera origen en un elemento común, como, por ejemplo, una bajante comunitaria o la fachada del edificio, tendremos acción contra la comunidad de propietarios y, en su caso, contra la compañía aseguradora de la misma. A este respecto, cabe advertir que, la Ley de Propiedad Horizontal no preceptúa la obligatoriedad de contratación de una póliza en vigor por parte de la comunidad de propietarios. Sin embargo, cabe la posibilidad de que dicha contratación sí sea preceptiva en virtud de la normativa autonómica, tal y como ocurre en la Comunidad Valenciana —Ley 8/2004 de la vivienda— o en la Comunidad de Madrid —Ley 2/1999, de 17 de marzo, de Medidas para la Calidad de Edificación—.

Encontramos la obligación de la comunidad de propietarios de realizar aquellas obras que resulten necesarias para el adecuado mantenimiento y conservación, de entre las que se recogen, en todo caso, las necesarias para la satisfacción de los requisitos básicos de habitabilidad, dentro del cual se encuadran los problemas derivados de las humedades a tenor de lo dispuesto en el artículo 10 de la Ley de Propiedad Horizontal (en adelante, LPH). **El conocimiento de la situación irregular del elemento común y la inactividad en su reparación generará la obligación de que esta —la comunidad— se haga cargo de los daños y perjuicios causados,** tal y como desarrollaremos de forma más concreta a lo largo del punto «Humedades en elementos comunes. Reclamación a la comunidad de propietarios».

CUESTIÓN

En aquellos supuestos en los que nos encontrásemos dentro del plazo de los tres años previstos por la Ley de Ordenación de la Edificación para el ejercicio de la acción contra los agentes de la edificación, ¿puede la comunidad de propietarios negarse a llevar a cabo las obras de reparación de los elementos comunes?

No. Puesto en conocimiento de la comunidad de propietarios el elemento común generador de la humedad, la inactividad de esta generará la obligación de indemnizar por los daños y perjuicios causados. A estos efectos, la comunidad tiene la obligación de llevar a cabo su reparación y mantenimiento, sin perjuicio de que, esta o cualquiera de los copropietarios, pueda dirigirse (repercutir) contra los agentes de la edificación.

Patologías con origen en instalaciones privadas de un vecino

El origen de la humedad también puede venir dada en virtud de instalaciones privativas de uno de los vecinos tal como un electrodoméstico o un elemento privativo. En estos supuestos, la responsabilidad de este también viene dada en virtud de la previsión recogida en el artículo 1902 del Código Civil, motivo por el cual podrá ejercitarse la acción contra este y, en su caso, contra la compañía aseguradora de la vivienda causante de las referidas humedades, tal y como veremos en el punto «Humedades en la vivienda por culpa de un vecino. Reclamación al vecino y/o compañía de seguros».

Patologías con origen en las instalaciones privadas del propietario

Por último, podemos encontrarnos con que el origen de la humedad devenga en virtud de los elementos privativos de nuestra propia vivienda, y ello como consecuencia de un deficiente cuidado de las instalaciones, como por ejemplo una inadecuada ventilación o un indebido mantenimiento, o ya sea simplemente por el mero hecho del transcurso del tiempo. En cuyo caso, es el propio propietario el obligado a la sufragación de los gastos que se ocasionen con ocasión de la reparación de las patologías.

2.
HUMEDADES EN ELEMENTOS COMUNES. RECLAMACIÓN A LA COMUNIDAD DE PROPIETARIOS

Ya hemos adelantado en el punto anterior, que pesa sobre la comunidad de propietarios la obligación de llevar a cabo todos aquellos trabajos y obras que resulten necesarias para el adecuado mantenimiento y conservación del inmueble, de entre las que se recogen, en todo caso, las necesarias para satisfacer los requisitos básicos de, en lo que aquí nos concierne, habitabilidad (dentro de los que se encuadran la problemática derivada por las humedades existentes en el edificio).

Obligaciones de la comunidad en relación con la conservación del inmueble

De encontrarnos ante tales circunstancias, es obligación de la comunidad tanto la reparación de las deficiencias, como el resarcimiento de los daños producidos por la falta de conservación del inmueble.

CUESTIONES

1. La puesta en marcha por parte de la comunidad de propietarios de las obras necesarias para el adecuado mantenimiento y conservación del inmueble, ¿requerirá el acuerdo previo de la junta de propietarios?

No. El propio artículo 10 de la LPH, previendo el carácter obligatorio de estas obras, exime a la comunidad de propietarios de la obtención de acuerdo previo por parte de la junta de propietarios para la realización de las mismas:

«*1. Tendrán carácter obligatorio y no requerirán de acuerdo previo de la Junta de propietarios, impliquen o no modificación del título constitutivo o de los estatutos, y vengan impuestas por las Administraciones Públicas o solicitadas a instancia de los propietarios, las siguientes actuaciones:*

a) Los trabajos y las obras que resulten necesarias para el adecuado mantenimiento y cumplimiento del deber de conservación del inmueble y de sus servicios e instalaciones comunes, incluyendo en todo caso, las necesarias para satisfacer los requisitos básicos de seguridad, habitabilidad...».

2. ¿Qué podemos entender por «obras necesarias»?

Puede entenderse por obras necesarias tanto los trabajos de mero mantenimiento y cuidado, como las tareas reparadoras o de rehabilitación cuya finalidad sea garantizar el restablecimiento de las condiciones de habitabilidad (SAP de Madrid n.º 503/2014, de 5 de diciembre, ECLI:ES:APM:2014:17522).

2.1. Determinación de los elementos comunes

¿Qué elementos serán considerados comunes?

Dado que en esos supuestos basaremos nuestra reclamación en que el daño ocasionado por la humedad existente en nuestra vivienda o local deviene en virtud de la mala conservación o estado de un elemento común, resulta fundamental llevar a cabo una pormenorizada descripción de aquellos elementos que tienen tal carácter. Téngase en cuenta que existen determinados elementos que, aun siendo de uso privativo, tienen carácter de elemento común.

En este sentido encontramos que no es en la Ley de Propiedad Horizontal donde nuestro ordenamiento jurídico lleva a cabo una relación detallada de los elementos comunes, sino que, a este respecto, habremos de estar, por remisión expresa del artículo 3 de la LPH, a lo dispuesto en el **artículo 396 del Código Civil:**

> «Los diferentes pisos o locales de un edificio o las partes de ellos susceptibles de aprovechamiento independiente por tener salida propia a un elemento común de aquél o a la vía pública podrán ser objeto de propiedad separada, que llevará inherente un derecho de copropiedad sobre los elementos comunes del edificio, que son todos los necesarios para su adecuado uso y disfrute, tales como el **suelo, vuelo, cimentaciones y cubiertas**; elementos estructurales y entre ellos los pilares, vigas, forjados y muros de carga; las fachadas, con los revestimientos exteriores de terrazas, balcones y ventanas, incluyendo su imagen o configuración, los elemento de cierre que las conforman y sus revestimientos exteriores; el portal, las escaleras, porterías, corredores, pasos, muros, fosos, patios, pozos y los recintos destinados a ascensores, depósitos, contadores, telefonías o a otros servicios o instalaciones comunes, incluso aquéllos que fueren de uso privativo; los ascensores y las instalaciones, conducciones y canalizaciones para el desagüe y para el suministro de agua, gas o electricidad, incluso las de aprovechamiento de energía solar; las de agua caliente sanitaria, calefacción, aire acondicionado, ventilación o evacuación de humos; las de detección y prevención de incendios; las de portero electrónico y otras de seguridad del edificio, así como las de antenas colectivas y demás instalaciones para los servicios audiovisuales o

de telecomunicación, todas ellas hasta la entrada al espacio privativo; las servidumbres y cualesquiera otros elementos materiales o jurídicos que por su naturaleza o destino resulten indivisibles (...)».

A TENER EN CUENTA. Tal y como pone de manifiesto el **Tribunal Supremo** en su sentencia n.º 93/2011, de 12 de diciembre, ECLI:ES:TS:2011:8310, «una de las **características de la propiedad horizontal es la de estar regida por normas de derecho necesario.** Siendo incuestionable que el orden de fuentes normativas por las que ha de regirse la comunidad de propietarios está constituido, **en primer lugar, por los estatutos de la comunidad contenidas en el título,** y después, en este orden y con carácter supletorio, **por las normas del Código Civil sobre la comunidad de bienes y por la Ley de Propiedad Horizontal** de 21 de julio de 1960, lo que no implica que, respecto a dicha clase de propiedad, no sea de aplicación, en ningún caso, el principio de la autonomía de la voluntad, consignado en el artículo 1.255, del Código Civil cuando los estatutos aprobados por la Junta de Propietarios no contradigan lo establecido en la misma». Por ello, resulta esencial llevar a cabo un pormenorizado estudio de lo pactado en los estatutos respecto del bien en cuestión y el acuerdo que a través de los mismos se establezca, respecto de los gastos de conservación y mantenimiento de dichos elementos.

Como vemos, **el artículo 396 del Código Civil enumera los elementos comunes.** Si bien, debemos tener en cuenta que, por una lado, dicha enumeración no es de *numerus clausus* sino **enunciativa** y, por otro, que su anunciación no es de *ius cogens*, sino de ***ius dispositivum,*** por lo que habrá de comprobarse de manera específica que no se haya producido la desafección permitida de ciertos elementos que, no siendo **privativos por naturaleza o esenciales, como el suelo, las cimentaciones, los muros, las escaleras, los pilares etc.,** lo sean solo **por destino o accesorios, como los patios interiores, las terrazas a nivel o cubiertas de partes del edificio,** etc., (sentencia n.º 27/2007, de 22 de enero, ECLI:ES:TS:2007:162).

CUESTIONES

1. ¿Qué ocurrirá si el origen de la filtración o humedad tiene origen y causa en el mal estado o conservación de un elemento común por naturaleza?

Los elementos comunes por naturaleza (esenciales) son aquellos que resultan imprescindibles para asegurar el uso y disfrute de los diferentes pisos y locales y no podrán ser objeto de desafección (entre otras, STS n.º 265/2011, de 8 de abril, ECLI:ES:TS:2011:2488). Así, de encontrarnos ante una filtración o humedad con causa en un elemento con tal carácter, **no cabrá duda alguna de que es la comunidad de propietarios la responsable de su conservación y mantenimiento,** por lo que, puesta en conocimiento de esta tal circunstancia, la inactividad de la misma generará su responsabilidad y nos permitirá accionar contra ella una reclamación por los daños y perjuicios causados por la humedad y la ejecución de las obras necesarias para que estos dejen de producirse.

2. ¿Y de encontrarnos con que el origen de la filtración o la humedad ha surgido como consecuencia del estado o conservación de un elemento común por destino?

Los elementos por destino o accesorios son aquellos que en concepto de anejos se adscriben al servicio de todos o algunos de los propietarios singulares, quedando tal adscripción supeditada a la voluntad de las partes (entre otras, **STS n.º 265/2011, de 8 de abril, ECLI:ES:TS:2011:2488**). Por ello, en estos casos, habrá que comprobar si el bien ha sido objeto de desafección o no (título constitutivo del edificio o acuerdo de la comunidad de propietarios). De encontrarnos que el elemento causante de la humedad no ha sido objeto de desafección, estaríamos en la misma situación que en la respuesta dada a la cuestión anterior. Sin embargo, en caso contrario —encontrarnos con que el bien en cuestión ha sido objeto de desafección—, tendremos que probar objetivamente que, a pesar de que el uso del mismo es privativo, la humedad no ha sido generada por incumplimiento del deber de mantenimiento y conservación que sobre el mismo tiene el propietario al que se le ha dado el derecho de uso (art. 9 de la LPH) o, de la adicción de elementos no autorizados, sino que la humedad tiene origen en elementos comunes, que conforman dicho bien, pero que dan uso al resto de vecinos.

2.1.1. Origen de la humedad en terrazas o cubiertas de edificios de uso privativo

¿Qué ocurre si el origen de la humedad radica en la terraza o cubierta del edificio a la que se le ha dado un uso privativo?

Las terrazas, las cubiertas del edificio, (también los patios de luces), constituyen elementos comunes por destino y, por tanto, pueden ser objeto de desafectación. De encontrarnos ante una humedad en un bien de tales características, a los efectos de determinar quién es el verdadero responsable de los daños causados y el obligado a la reparación, podemos encontrarnos con dos supuestos diferenciados:

a. Que el origen del daño devenga como consecuencia de un defecto en la construcción o elementos arquitectónicos que aseguran la estanqueidad del inmueble

De encontrarnos ante este supuesto, la responsabilidad recaerá sobre la comunidad de propietarios.

Así, por ejemplo, en el caso de las terrazas, encontramos que el Tribunal Supremo las ha calificado, desde siempre, incluso a las que cumplen la función de cubierta del edificio, como elementos comunes accesorios o por destino, no por naturaleza, y ha admitido reiteradamente su posible desafectación para configurarlas como elementos privativos, ya sea desde la constitución de la propiedad horizontal en el propio título constitutivo, ya sea con posterioridad por la junta de propietarios (entre otras, **STS n.º 402/2012, de 18 de junio, ECLI:ES:TS:2012:5771**).

Sin embargo, y pese a encontrarnos con la desafectación del bien, **el carácter privativo no se proyecta sobre aquellos elementos arquitectónicos que, aun dentro del espacio privativo, sirvan a otros propietarios, esto es, elementos que cumplan funciones comunes dentro del inmueble.** Ello es así, tal y como señala la sentencia arriba referida, porque no cabría entender que la propiedad exclusiva de un elemento y de su espacio suponga la propiedad privativa de, por ejemplo, el forjado del mismo, que es un elemento común por naturaleza y que no se puede desafectar. Tampoco la impermeabilización que, por definición, no sirve al propietario de la terraza, sino al piso inferior del que esta es cubierta, pues tiene una función de protección para lograr la estanqueidad del inmueble en ese punto.

En consecuencia, tanto por la condición de elemento común que merecen aquellos elementos arquitectónicos que aseguran la estanqueidad del inmueble, aun estando en un elemento privativo, como por la obligación legalmente impuesta de realizar las obras necesarias en el inmueble para que reúna las debidas condiciones de estanqueidad (art. 10.1 de la LPH), es la comunidad de propietarios la responsable de las humedades que se deriven como consecuencia del mal estado de los referidos elementos.

Así, la sentencia mentada (**STS n.º 402/2012, de 18 de junio, ECLI:ES:TS:2012:5771**) partiendo del reconocimiento de que es en la terraza el elemento en el que tienen su origen las filtraciones, y habida cuenta que la causa de las mismas se encuentra en un defecto en la estanqueidad del inmueble, estima la responsabilidad de la comunidad de propietarios, por el **fallo de un elemento común pese a la propiedad privada de la terraza, como es el forjado de cubierta y su impermeabilización, condenándola, en consecuencia, a la ejecución de las obras precisas para suprimir las humedades por filtraciones y a reparar los daños:**

> «(...) pese a que las terrazas tienen carácter privativo, la parte que sirve como cubierta del edificio y el forjado del mismo en todo caso, elementos comunes por naturaleza, debido a la función que cumplen en el ámbito de la propiedad horizontal. Estos razonamientos, suponen que, al quedar acreditado que los daños provienen del mal estado de un elemento común, el forjado del edificio, su reparación y el resarcimiento de los daños ya ocasionados, son una obligación de la comunidad de propietarios».

Lo fundamental radica en que **deberemos acreditar que los daños provienen del mal estado de un elemento común del bien pese a que este tenga, ya sea en título, ya sea por acuerdo posterior, carácter privativo.** Pudiendo, en consecuencia, solicitar su reparación y el resarcimiento de los daños ocasionados, pues pesa sobre la comunidad de propietarios la obligación de mantenimiento y conservación de los elementos arquitectónicos que aseguran la estanqueidad del inmueble.

Misma postura recogen pronunciamientos posteriores como, por ejemplo, la **STS n.º 755/2015, de 30 de diciembre, ECLI:ES:TS:2015:5805**, en la que, analizando un supuesto de hechos de una terraza de un ático, reconoce el tribunal que, aunque privativa, como cubierta sirve de impermeabilización del edificio y en tal sentido se califica como elemento común, o la **sentencia n.º 47/2020, de 20 de enero, ECLI:ES:APS:2020:36, de la Audiencia Provincial de Cantabria** en la que basan los magistrados su razonamiento jurídico en la propia literalidad del artículo 396 del Código Civil al que hemos hecho alusión al principio de estas líneas, reconociéndose a través del citado precepto como elementos comunes de la edificación, entre otros, los «elementos estructurales y entre ellos, los pilares, vigas, forjados y muros de carga; las fachadas, con los revestimientos exteriores de terrazas, balcones y ventadas, incluyendo su imagen o configuración, los elemento de cierre que las conforman y sus revestimientos exteriores». Si, en consecuencia, tal y como dice la sala, el origen del daño se encuentra en la inexistencia o en la existencia deformada o inútil de la debida impermeabilización de la terraza o fachada que actúan como elementos de estanqueidad, no puede existir duda de su carácter común como elemento general de la comunidad, como elemento arquitectónico que es.

Determinada la fuente de causación del daño, es a la comunidad de propietarios y no al propietario individual, a la que, de acuerdo con el art. 10.1 LPH, le corresponde la realización de las obras de reparación por ser un elemento común por naturaleza. Puesta en conocimiento de la comunidad la existencia de la filtración o humedad en la vivienda o local con origen en un elemento común, la omisión por parte de esta de la diligencia debida en procurar su reparación es el título de imputación que permite declarar su responsabilidad.

> **CUESTIÓN**
>
> **Irene ha encontrado filtraciones de agua en su vivienda provenientes de la terraza del ático, propiedad de sus vecinos, Cristina y Carlos. Tras contratar un experto en la materia, el peritaje concluye que los daños producidos en la vivienda de Irene obedecen al mal estado de la tela asfáltica y al deficiente sistema de seguridad del desagüe a través de la bajante. Habida cuenta que, consultado el título constitutivo del régimen de propiedad horizontal, la terraza del ático tiene naturaleza privativa, ¿a quién debe reclamar Irene los daños?**
>
> A la comunidad de propietarios y ello porque, de acuerdo con el peritaje, los daños se deben al mal estado de la tela asfáltica y al deficiente sistema de seguridad del desagüe a través de la bajante y, en este sentido, la naturaleza común de esos elementos, por ser estructurales y esenciales en la comunidad de propietarios, conlleva necesariamente que su reparación no sea propia del titular de la terraza, pese al carácter de elemento privativo por dominio o por uso, sino que, al encontrarse el origen del daño en la existencia deformada de impermeabilización de la misma, es a la comunidad de propietarios, de acuerdo con lo dispuesto en el artículo 10.1 de la LPH, a la que le corresponde la realización de las obras de reparación y de su resultado, por ser un elemento común por naturaleza. (STS n.° 755/2015, de 30 de diciembre, ECLI:ES:TS:2015:5805).

Misma justificación deberá llevarse a cabo cuando nos encontremos con humedades procedentes en, por ejemplo, un patio de luces al que se ha dado uso privativo; **sentencia de la Audiencia Provincial de Alicante n.° 62/2016, de 15 de febrero, ECLI:ES:APA:2016:114:**

> «(...) resulta evidente que como las obras de reparación son precisas para suprimir filtraciones de agua y las humedades derivadas de determinados vicios constructivos, y es evidente que las mismas en cuanto suponen la construcción de un nuevo forjado mejorado, **exceden de las naturalmente debidas al uso y conservación del patio, con lo que, los gastos que comportan no pueden considerarse incluidos en los de mantenimiento a su cargo que prevé el art 9 de la LPH , sino a cargo de la Comunidad**».

A TENER EN CUENTA. Pese a lo antedicho, reiteramos que es fundamental, antes de proceder a la reclamación, llevar a cabo un estudio de lo establecido en los estatutos, y ello porque ha de tenerse en cuenta que, tal y como refiere la STS n.º 340/2018, de 7 de junio de 2018, ECLI:ES:TS:2018:2061, de existir una regla especial en los estatutos sobre la propiedad y régimen de distribución de los gastos respecto del elemento objeto de controversia, no será aplicable el artículo 396 del Código Civil, por disponer en su párrafo último que rige «la voluntad de los interesados», esto es todo aquello manifestado en los estatutos.

b. Que el origen de la filtración o humedad devenga como consecuencia de un mal mantenimiento de la terraza o por modificaciones que el comunero haya llevado a cabo en la terraza y respecto de los que se deriven daños

Por el contrario, y pese a que, como hemos visto, en virtud del artículo 10 de la LPH corresponde a la comunidad de propietarios responder de los daños causados por filtraciones derivadas de elementos comunes (pese a que estos tengan atribuido un uso privativo), existen casos en que esta quedará exonerada:

- Si las filtraciones o humedades han sido originadas por negligencia o mal uso del propietario que los disfruta (vulneración de la obligación impuesto a tenor de lo previsto en el art. 9.1 de la LPH).

- Si las filtraciones o humedades han sido originadas por las modificaciones realizadas en el elemento por el propietario que tiene atribuido su uso (vulneración del art. 7.1 de la LPH).

Así, en caso de encontrarnos con daños en una vivienda o local en virtud de filtraciones o humedades procedentes de una terraza, y cuyo origen se estima como consecuencia de un mal uso o un mal mantenimiento ordinario del elemento al que se le ha dado uso privativo, la reparación de los daños corresponderá al propietario que tiene atribuido el uso privativo, ya que, tal y como prevé el artículo 9.1 de la Ley de Propiedad Horizontal, pesa sobre este el deber de respetar las instalaciones generales de la comunidad y demás elementos comunes, ya sean de uso general o privativo de cualquiera de los propietarios, estén o no incluidos en su piso o local, haciendo un uso adecuado de los mismos y evitando en todo momento que se causen daños o desperfectos, y la obligación de mantener en buen estado de conservación su propio piso o local e instalaciones privativas, en términos que no perjudiquen a la comunidad o a los otros propietarios, resarciendo los daños que ocasione por su descuido o el de las personas por quienes deba responder.

En consecuencia, no tendremos opción de ejercicio contra la comunidad de propietarios en estos supuestos, pues es el propietario del elemento causante de las humedades el que habrá de responder de los daños causados como consecuencia del uso y por aquellas modificaciones que haya llevado a cabo en el elemento si, a consecuencia de ello, se producen las filtraciones o humedades que hayan ocasionado los daños.

CUESTIONES

1. ¿Cabe la posibilidad de que en estos supuestos nos encontremos ante una responsabilidad solidaria entre la comunidad de propietarios y el comunero al que se le ha otorgado el uso privativo?

Sí, es posible encontrarnos con una responsabilidad compartida. Cabe citar, a modo de ejemplo, el pronunciamiento recogido en la sentencia de la Audiencia Provincial de Barcelona n.º 213/2016, de 30 de mayo, ECLI:ES:APB:2016:5210. En esta se analiza un caso de autos en el que se declaran como hechos probados, respecto a la causa de la filtración que originó las humedades, que ello fue consecuencia, de un lado por la falta de mantenimiento ordinario (responsabilidad del propietario que tiene atribuido el derecho de uso), pero también se reconoce que a la aparición de las filtraciones que causaron los daños por los que se reclaman, contribuyó que aun no se hubiera llevado a cabo la reparación integral de la terraza que, de acuerdo con la sala, «dada su antigüedad», se trataba de un edificio centenario que «debía haber acometido la comunidad», declarándose, en consecuencia, la solidaridad entre los agentes concurrentes en la producción del daño (propietario que tiene uso privativo de la terraza en la que se originaron las filtraciones y comunidad de propietarios).

2. ¿A quién corresponde probar que la causa de los daños es imputable a la comunidad de propietarios por incumplimiento de las obligaciones que impone la Ley de Propiedad Horizontal, y no lo es al propietario del elemento común de uso privativo o, en su caso, que lo fuera a ambos?

Conforme a las reglas generales en materia de carga de la prueba (art. 217 LEC) corresponde a la parte demandante (SAP de Pamplona n.º 686/2019, de 23 de diciembre, ECLI:ES:APNA:2019:1183).

2.1.2. Humedades en ventanas o velux

¿Qué ocurre si el origen de la humedad radica en ventanas o velux?

Al igual que reseñamos en el punto anterior, cabe hacer especial referencia a la naturaleza del bien común o privativo de las ventanas, dado que, si bien es cierto que tal y como prevé el artículo 396 del Código Civil, los ventanales tienen, en principio, carácter de elemento común (en cuanto que constituyen elementos de cierre del edificio, sirviendo, en consecuencia, no solo al copropietario de la vivienda en la que se encuentran las ventanas, sino al conjunto de propietarios del edificio), lo cierto es que suelen surgir problemas respecto de aquellas cuyo uso está atribuido en exclusiva a un comunero por encontrarse dentro de su propia vivienda.

De ser el caso, procederemos al igual que en el caso anterior, a la regulación que al respecto se establezca en los estatutos de la comunidad y, de guardar estos silencio, deberá acreditarse objetivamente, a los efectos de achacar la responsabilidad de los mismos a la comunidad de propietarios, que los daños o filtraciones son debidos a elementos estructurales.

Así, cabe citar, a modo de ejemplo, la **sentencia de la Audiencia Provincial de Cantabria n.º 289/2015, de 23 de febrero, ECLI:ESAPS:2016:89.** En ella, partiendo los magistrados de los principios generales mantenidos por la sala en este tipo de pleitos, estiman el recurso de apelación interpuesto por el actor comunero contra la sentencia de instancia por la que se desestima la demanda formulada por este frente a la comunidad, por daños en su vivienda ocasionados por filtraciones, con causa en la falta de mantenimiento en forma de impermeabilización y sellado de carpintería en la fábrica de fachada, justificando su respuesta conforme sigue:

> «En primer lugar los ventanales, como los de autos, se han de calificar de elemento común, en cuanto son elementos de cierre del edificio y sirven, pues, al conjunto de comuneros, no sólo al copropietario de la vivienda que tiene esos ventanales. Una filtración a través de los mismos no sólo produce daños en la vivienda concreta sino que puede afectar a otras viviendas e incluso a los muros estructurales de la fachada. Los casos jurídicamente complicados surgen cuando tratándose de un elemento común el uso de ese espacio o elemento común está atribuido en exclusiva a un comunero. En estos supuestos, a su vez, solemos distinguir:
>
> a) En principio se debe estar a lo que regulen los Estatutos de la Comunidad, que en nuestro asunto no se han aportado casi de que existan. b) Si los Estatutos guardan silencio, entonces la Sala suele diferenciar:
>
> - Si los deterioros se deben a un negligente cuidado por parte del usuario, a quien se le exige ir realizando las ordinarias reparaciones derivadas del uso, del paso del tiempo, de una puntual acción descuidada, será ese copropietario el responsable de los daños o filtraciones que pudieran producirse.
>
> - Si estos daños o filtraciones son debidos a elementos estructurales (capa de impermeabilización que se ha ido deteriorando, muros u hormigón estructurales) la responsabilidad es de la Comunidad».

Encontramos otro supuesto de hechos de condena a la comunidad por humedades existentes en ventanas velux, en la **sentencia de la Audiencia Provincial de Pontevedra n.° 132/2017, de 17 de marzo, ECLI:ES:APPO:2017:626,** por cuanto fue acreditado que los daños en el interior de la vivienda derivaban de la inadecuada impermeabilización y sellado de las ventanas velux integrantes de la cubierta del edificio, así como de otros problemas radicantes en la cubierta (defectuosa impermeabilización de la canaleta, inadecuado revestimiento de los casetones y defectuoso aislamiento de los faldones de cubierta).

2.1.3. Filtración con origen en bajantes y tuberías

¿Qué ocurrirá con las humedades derivadas de la filtración con origen en bajantes y tuberías?

Los tribunales vienen considerando que la conducción será considerada **elemento común aun cuando puedan discurrir, en parte, por espacios**

25

privativos. Así, únicamente tendrán la consideración de privativas las cañerías que salgan de la red general del edificio para dar servicio a la vivienda o local, teniendo carácter de elemento común el resto de conducciones pese a discurrir por espacio privativo.

A este respecto resulta de interés traer a colación, a título ejemplificativo, la respuesta dada por los magistrados de la Audiencia Provincial de Tenerife en su **sentencia n.º 587/2011, de 1 de diciembre, ECLI:ES:APTF:2011:2733,** en la que se determina que, en estos supuestos, no cabe solo atender a la ubicación de la bajante para calificarla de común o privativa, sino que lo que ciertamente habrá de ser objeto de examen será **el servicio o finalidad de la misma.** Así, y comoquiera que, en el caso de autos, el peritaje afirma que la bajante recoge agua de lluvia procedente de un elemento común (que en el caso examinado es el agua que sale de la rampa de la comunidad), ha de calificarse como elemento común del edificio al servicio no del local, sino de todo el edificio, y ello pese a que se ubique en elemento privativo, para poder conectar con la bajante general.

También presenta interés la **sentencia n.º 368/2011, de 20 de junio, ECLI:ES:APV:2011:3181, dictada por la Audiencia Provincial de Valencia,** al dar respuesta en el caso de autos, a la determinación de la responsabilidad en los casos en los que la avería se produce dentro de la vivienda y en una tubería que da servicio a la misma, pero **antes de la llave de paso,** concluyendo la sala acerca de la consideración de elemento privativo (de la tubería) y hace surgir la responsabilidad del propietario por su mantenimiento y adecuada conservación, cuando entra dentro del poder de disposición y utilización del titular de la vivienda. La obligación de mantener en buen estado la instalación o conducción del agua solo surgirá pues, conforme a lo dispuesto en el artículo 9.1.b de la Ley de Propiedad Horizontal, a **partir de la llave de paso a la vivienda,** susceptible de ser manejada por el propietario o, en su defecto, desde el contador. Antes de ese punto no hay obligación de mantener la instalación.

2.2. Procedimiento de reclamación. Legitimación, proceso y plazos

Legitimación en la reclamación por humedades

Ostentará legitimación activa para la iniciación del procedimiento, el comunero perjudicado por la humedad, debiendo dirigirse la reclamación contra la comunidad de propietarios en la persona de su representante legal (esto es la persona que ocupe el cargo de presidente).

CUESTIÓN

¿Podrá entablar la acción el arrendatario?

Sí. La acción dirigida por el arrendatario contra la comunidad de propietarios por los daños causados como consecuencia del defectuoso cumplimiento de la

> obligación contenida en el artículo 10 de la LPH, de mantenimiento de los elementos comunes, tiene amparo en el artículo 1902 del Código Civil (responsabilidad aquiliana), encontrándose legitimado el arrendatario para el ejercicio de las acciones propias del precepto referido por los daños que le fuesen inferidos.

Debe también tenerse en cuenta la posibilidad de demandar al seguro —caso de que la comunidad de propietarios tuviese póliza en vigor contratada al efecto—. Asimismo, sería posible demandar a los copropietarios como responsables subsidiarios mancomunados. Si bien, debe considerarse la posibilidad de que, en caso de perder con costas, sería por cada uno de los intervinientes.

¿Cuál es el procedimiento por el que se tramitará la reclamación?

El procedimiento por el que se tramitarán estas reclamaciones variará en función de lo que se reclame, que puede ser exclusivamente una cantidad de dinero o incluir alguna otra acción como puede ser la de realización de las obras necesarias para eliminar la causa que dio origen a la humedad.

Hay que tener en cuenta lo establecido en los artículos 249.1.8.°, y 250.1.15.° de la LEC tras la reforma llevada a cabo por del Real Decreto-ley 6/2023, de 19 de diciembre, con entrada en vigor el 20 de marzo del 2024. A partir de esta fecha podemos establecer la siguiente diferenciación:

- Se tramitarán por los trámites del **juicio verbal** las demandas en las que se ejerciten las acciones que otorga a las juntas de propietarios y a estos la Ley 49/1960, de 21 de julio, sobre Propiedad Horizontal, siempre que versen **exclusivamente sobre reclamaciones de cantidad**, sea cual fuere dicha cantidad. Es decir, por ejemplo, si únicamente reclamo el importe correspondiente a las facturas pagadas por el arreglo de mi vivienda acudiría al juicio verbal.

- Por el contrario, se seguirán los trámites del juicio ordinario cuando se ejerciten las acciones que otorga a las juntas de propietarios y a estos la LPH, siempre que no versen exclusivamente sobre reclamaciones de cantidad, por ejemplo, si también solicitase en el *petitum* de la demanda que la comunidad procediese a arreglar el defecto del elemento común que provocó la humedad.

A TENER EN CUENTA. Hasta la fecha prevista, se seguirá lo establecido en la versión anterior de este artículo 249.1.8.° de la LEC: «Cuando se ejerciten las acciones que otorga a las Juntas de Propietarios y a éstos la Ley de Propiedad Horizontal, siempre que no versen exclusivamente sobre reclamaciones de cantidad, en cuyo caso se tramitarán por el procedimiento que corresponda».

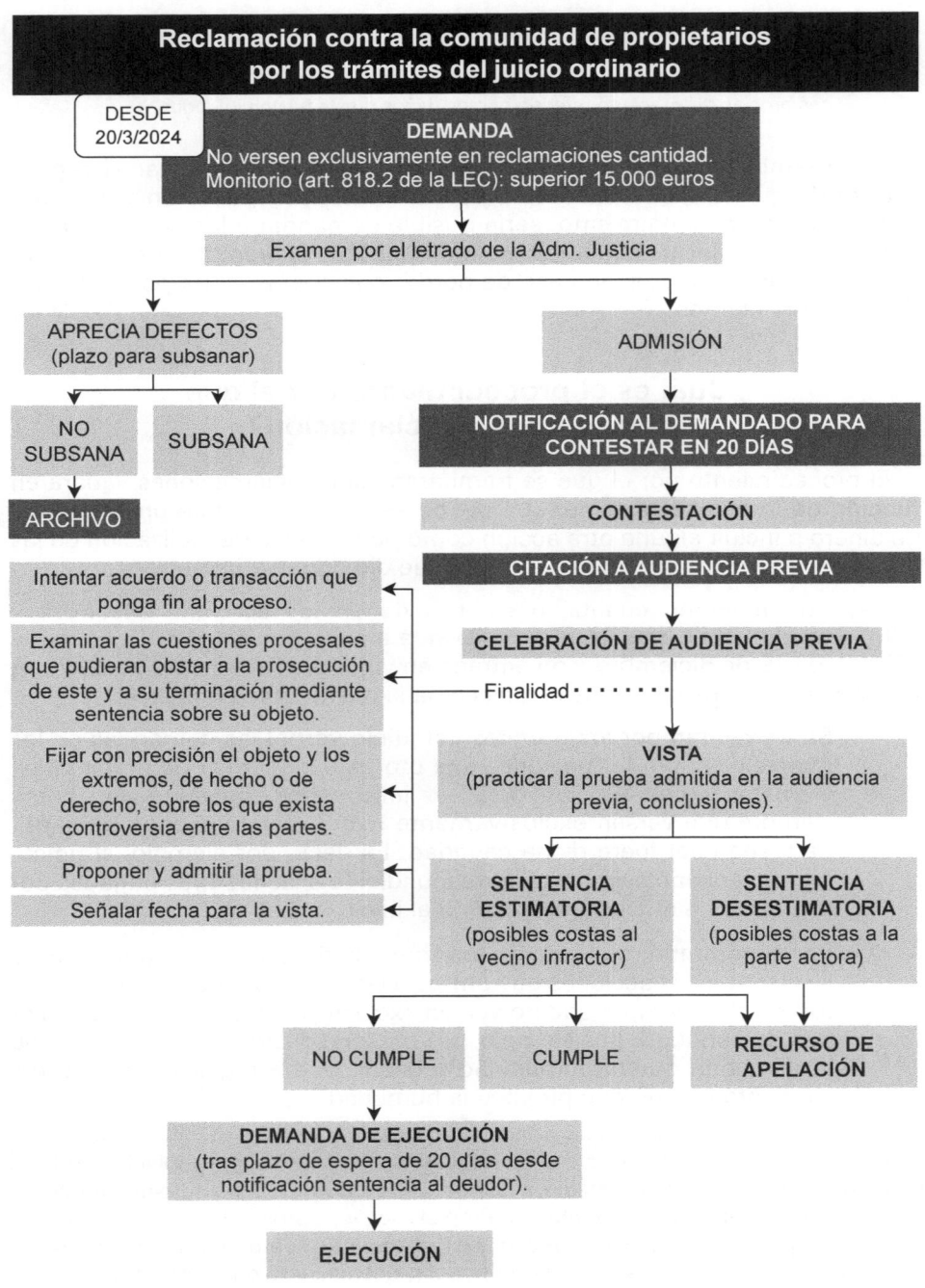

Reclamación contra la comunidad de propietarios por los trámites del juicio ordinario

DESDE 20/3/2024

DEMANDA
No versen exclusivamente en reclamaciones cantidad.
Monitorio (art. 818.2 de la LEC): superior 15.000 euros

Examen por el letrado de la Adm. Justicia

APRECIA DEFECTOS
(plazo para subsanar)

NO SUBSANA

SUBSANA

ARCHIVO

ADMISIÓN

NOTIFICACIÓN AL DEMANDADO PARA CONTESTAR EN 20 DÍAS

CONTESTACIÓN

CITACIÓN A AUDIENCIA PREVIA

CELEBRACIÓN DE AUDIENCIA PREVIA

— Finalidad · · · · · · · ·

Intentar acuerdo o transacción que ponga fin al proceso.

Examinar las cuestiones procesales que pudieran obstar a la prosecución de este y a su terminación mediante sentencia sobre su objeto.

Fijar con precisión el objeto y los extremos, de hecho o de derecho, sobre los que exista controversia entre las partes.

Proponer y admitir la prueba.

Señalar fecha para la vista.

VISTA
(practicar la prueba admitida en la audiencia previa, conclusiones).

SENTENCIA ESTIMATORIA
(posibles costas al vecino infractor)

SENTENCIA DESESTIMATORIA
(posibles costas a la parte actora)

NO CUMPLE

CUMPLE

RECURSO DE APELACIÓN

DEMANDA DE EJECUCIÓN
(tras plazo de espera de 20 días desde notificación sentencia al deudor).

EJECUCIÓN

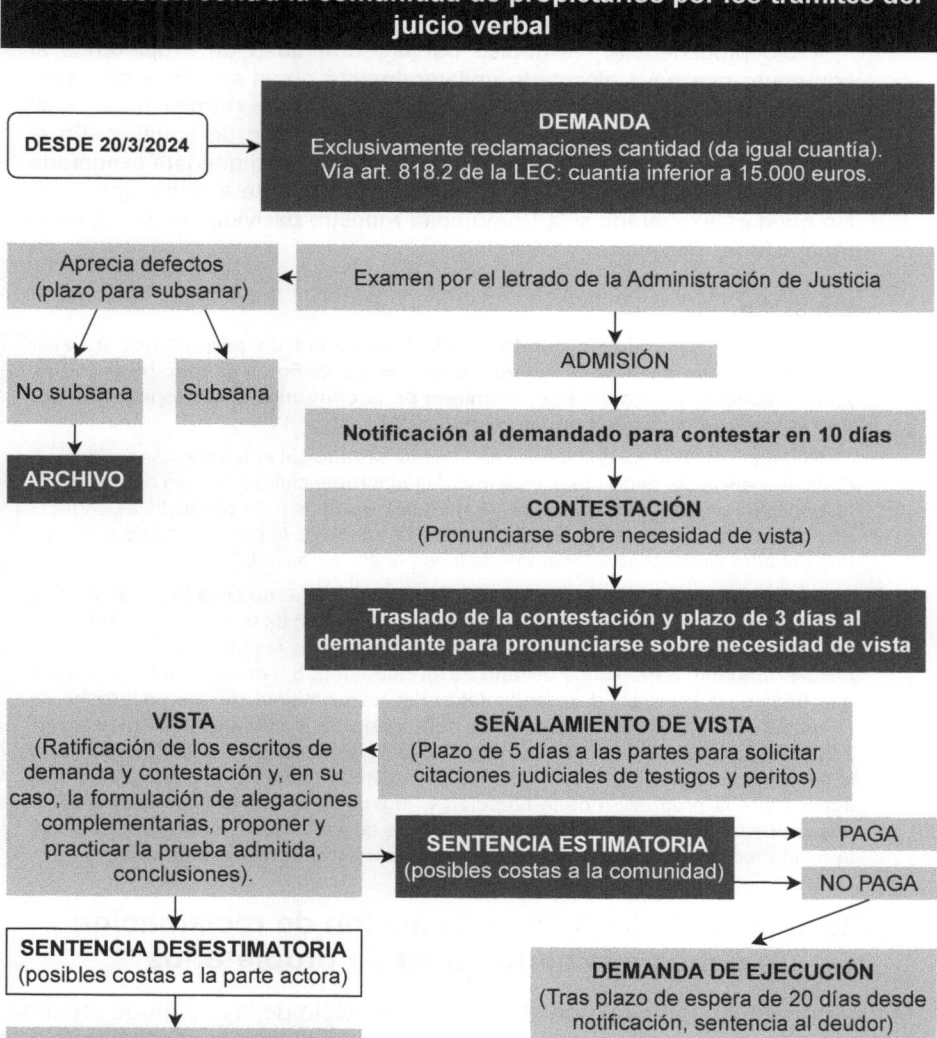

Reclamación contra la comunidad de propietarios por los trámites del juicio verbal

DESDE 20/3/2024

DEMANDA
Exclusivamente reclamaciones cantidad (da igual cuantía).
Vía art. 818.2 de la LEC: cuantía inferior a 15.000 euros.

Aprecia defectos
(plazo para subsanar)

Examen por el letrado de la Administración de Justicia

ADMISIÓN

No subsana

Subsana

ARCHIVO

Notificación al demandado para contestar en 10 días

CONTESTACIÓN
(Pronunciarse sobre necesidad de vista)

Traslado de la contestación y plazo de 3 días al demandante para pronunciarse sobre necesidad de vista

VISTA
(Ratificación de los escritos de demanda y contestación y, en su caso, la formulación de alegaciones complementarias, proponer y practicar la prueba admitida, conclusiones).

SEÑALAMIENTO DE VISTA
(Plazo de 5 días a las partes para solicitar citaciones judiciales de testigos y peritos)

SENTENCIA ESTIMATORIA
(posibles costas a la comunidad)

PAGA

NO PAGA

SENTENCIA DESESTIMATORIA
(posibles costas a la parte actora)

DEMANDA DE EJECUCIÓN
(Tras plazo de espera de 20 días desde notificación, sentencia al deudor)

Posibilidad de recurrir en apelación si cuantía es superior a 3000 euros

EJECUCIÓN

Llegados a este punto, cabe precisar que el comunero también podrá reclamar el reembolso, no solo por las obras que este haya tenido que ejecutar en su vivienda o local como consecuencia de la humedad, sino que, de ser el caso, también de aquellas ejecutadas en las zonas comunes. Si bien, hay que matizar que se requerirá, además del lógico requerimiento previo al secretario-administrador o al presidente, que la obra o reparación llevada a cabo tenga carácter urgente. Véase en este sentido la **STS n.º 16/2016, de 2 de febrero, ECLI:ES:TS:2016:329**, por la que se establece que:

> «Sólo procederá el reembolso por la Comunidad de Propietarios al comunero que haya ejecutado unilateralmente obras en zonas comunes cuando se haya requerido previamente al Secretario-Administrador o al Presidente advirtiéndoles de la urgencia y necesidad de aquéllas. En el caso de no mediar dicho requerimiento, la Comunidad quedará exonerada de la obligación de abonar el importe correspondiente a dicha ejecución. No quedará exonerada si la Comunidad muestra pasividad en las obras o reparaciones necesarias y urgentes».

CUESTIÓN

Junto con la solicitud de condena a la comunidad de propietarios a llevar a efecto la reparación y el resarcimiento de los daños y perjuicios sufridos, ¿podrá solicitarse la condena pecuniaria de la comunidad de propietarios por daños morales derivados de las humedades?

Sí. La posibilidad de que junto con el daño patrimonial concurra y sea reconocido la existencia del daño moral es admitida jurisprudencialmente. Ello encuentra su justificación en el impacto psíquico o espiritual que ha de traer causa de la conducta de otro (en estos supuestos, ante la omisión por parte de la comunidad de propietarios del cumplimiento del deber impuesto en el art. 10 de la LPH).

Véase en este sentido la respuesta dada por en la **SAP de Oviedo n.º 371/2020, de 21 de octubre, ECLI:ES:APO:2020:4198**, a la petición de condena de 1000 euros por daños morales: «ha de tomarse en consideración que las humedades y filtraciones se remontan a mediados del año 2018, que aunque han disminuido persisten, que llegaron a provocar desprendimiento del revestimiento de yeso del techo de la cocina dejando al descubierto parte del forjado de la cubierta y del mortero de cemento y, sobre todo, que por su magnitud obligaron al actor a colocar cubos para la recogida del agua, lo que tanto significa un estado continuo de alerta en caso de lluvia sobre la progresión de la filtración y, lógicamente, de incomodidad al tener que proceder de ese modo y de incertidumbre sobre lo posible que pudiera venir, apreciándose la suma de 1.000 euros como justa compensación a tal estado».

Plazo para el ejercicio de la acción de reclamación de daños a la comunidad de propietarios

Por su parte, y en relación con el plazo del ejercicio de la acción de reclamación de daños y perjuicios causados en la vivienda o local ejercitada por uno de los comuneros frente a la comunidad de propietarios por incumplimiento de la obligación de conservación, mantenimiento y reparación prevista en el artículo 10 de la Ley de Propiedad Horizontal, encontramos que las decisiones esgrimidas hasta el momento por las diferentes audiencias provinciales de nuestro país, habían dado lugar a dos posiciones doctrinales diferenciadas.

|| a. Plazo legal de un año

Por un lado, encontramos la corriente jurisprudencial que considera que el plazo de prescripción es el plazo de un año recogido en el apartado 2.º del artículo 1968 del Código Civil, **al entender que nos encontramos ante** un supuesto de responsabilidad extracontractual prevista en el artículo 1902 del Código Civil: «El que por acción u omisión causa daño a otro, interviniendo culpa o negligencia, está obligado a reparar el daño causado».

‖ b. Plazo legal de cinco años

Por otro lado, están aquellas audiencias provinciales que suscriben la tesis de que ha de ser tenido en cuenta el plazo de prescripción de cinco años señalado en apartado 2.º del artículo 1964 del Código civil para las **acciones personales** «Las acciones personales que no tengan plazo especial prescriben a los cinco años desde que pueda exigirse el cumplimiento de la obligación. En las obligaciones continuadas de hacer o no hacer, el plazo comenzará cada vez que se incumplan», habida cuenta que entienden que la acción de reclamación de daños y perjuicios ejercitada por el propietario perjudicado por las humedades **no es una acción de responsabilidad extra-contractual.**

Así, encontramos en este sentido —entre otras— la postura mantenida por los magistrados de la audiencia provincial de Madrid en su **sentencia n.º 615/2008, de 11 de diciembre, ECLI:ES:APM:2008:18960:** «Respecto de la excepción de prescripción evidentemente ejercitándose la acción del artículo 10.1 de la Ley de Propiedad Horizontal, no puede ser de aplicación el plazo prescriptivo de un año que se invoca por la recurrente, sino el plazo del artículo 1964 del C.Civil de quince años para las acciones personales que no tengan señalado plazo especial de prescripción, por ello y en consecuencia necesariamente debe decaer el recurso de apelación interpuesto».

> **A TENER EN CUENTA.** La referida sentencia hace alusión al plazo prescriptivo de quince años recogido para las acciones personales con anterioridad a la reforma llevada a cabo al efecto por la Ley 42/2015, de 5 de octubre, de reforma de la Ley 1/2000, de 7 de enero, de Enjuiciamiento civil, por el que se modificó el plazo de prescripción de las acciones personales que no tengan plazo especial que, a fecha de la presente, es de cinco años.

‖ c. ¿Qué postura mantiene el Tribunal Supremo al respecto?

De acuerdo con nuestro Alto Tribunal, **el plazo que tiene un comunero para exigir la indemnización por daños y perjuicios frente a la comunidad de propietarios por daños derivados de la falta de conservación o mante-nimiento** de los elementos comunes es de cinco años.

Es a través de la **STS n.º 491/2018, de 14 de septiembre, ECLI:ES:TS:2018:3102,** donde la sala, partiendo de que la acción de recla-mación de daños y perjuicios causados en el caso de autos, y de la afirma-ción —no discutida— de que los daños y perjuicios que se dicen produci-dos **nacen precisamente del incumplimiento de una obligación legal que a las comunidades de propietarios impone el artículo 10 de la Ley de Pro-piedad Horizontal,** en el sentido de llevar a cabo las obras que resulten nece-sarias para el mantenimiento y conservación de los elementos comunes, de modo que no causen daño alguno a otros bienes comunes o a los privativos termina concluyendo, en referencia a las distintas posturas jurisprudenciales mantenidas por las diferentes audiencias provinciales, que «se trata de una obligación legal, en el sentido a que se refiere el artículo 1089 del Código Civil, que no resulta asimilable a las derivadas de actos u omisiones ilícitas, que comprenden un ámbito distinto y a las que resulta de aplicación el plazo de prescripción anual del artículo 1968-2.°. No cabe disociar el plazo de prescripción para exigir el cumplimiento de las obligaciones legales del correspondiente a la acción para exigir las consecuencias dañosas de dicho incumplimiento, por lo que no puede ser compartida la posición sostenida al respecto por la sentencia impugnada que, en consecuencia, habrá de ser casada puesto que la acción de reclamación de daños y perjuicios ejercitada no está prescrita al ser aplicable el plazo de cinco años, según la redacción del artículo 1964 del Código Civil que resulta aplicable».

> **A TENER EN CUENTA.** Lo anterior solo resultará de aplicación para aquellos supuestos en los que el reclamante sea el propietario, pues, ya hemos adelantado que, en aquellos supuestos en los que un arrendatario sea quien ejercite la acción de daños y perjuicios contra la comunidad por incumplimiento de las previsiones del art. 10.1 de la LPH, la reclamación tendrá amparo en el artículo 1902 del Código Civil (responsabilidad aquiliana), por lo que, aquí sí nos encontraríamos con el plazo legal de un año para el ejercicio de la misma. Así lo establece el **Tribunal Supremo en la sentencia n.° 45/2017, de 25 de enero, ECLI:ES:TS:2017:165**:
>
> «Esta sala debe declarar que la acción la ejercita la sociedad arrendataria y no los propietarios cuya intervención procesal fue rechazada en auto de 10 de septiembre de 2012.
>
> El arrendatario puede ejercitar las acciones propias del art. 1902 del C. Civil, por los daños que le fuesen inferidos.
>
> Dicha acción tiene un plazo de prescripción de un año (art. 1968 del C. Civil)».

Llegados a este punto, y en relación con el plazo prescriptivo señalado, **cabe preguntarse cuál será el *dies a quo* a partir del cual comenzará a computarse los cinco años legalmente establecidos** para el ejercicio de la acción de reclamación del comunero a la comunidad de propietarios por el incumplimiento del deber de conservación y mantenimiento impuesto en el art. 10 de la LPH. Y en este sentido, resulta de interés traer a colación la **sentencia del Tribunal Supremo n.° 114/2019, de 20 de febrero, ECLI:ES:TS:2019:511**, en la que la sala resuelve el caso planteado por un propietario que demanda comunidad de vecinos por las filtraciones de agua sufridas en su vivienda durante un largo tiempo, por las que ha venido sufriendo daños en su propiedad.

A través de esta sentencia, podemos comprobar que, **a efectos de fijación de la fecha del inicio de la prescripción, lo fundamental es la calificación que han de merecer los daños causados** (daños permanentes y daños continuados), dado que su calificación en unos u otros será lo que influya en la determinación del *dies a quo* para el comiendo del cómputo del plazo.

CUESTIONES

1. ¿Cuál es la diferencia existente entre los daños permanentes y los daños continuados?

Se califican como **daños permanentes o duraderos** aquellos que **se mantienen en el tiempo**, mientras que tendrán la consideración de **daños continuados** cuando estos no solamente se mantienen en el tiempo, sino que **se van agravando** cuando su causa productora no cesa.

Así, y usando como ejemplo el caso de autos analizado por los magistrados del **Tribunal Supremo en la referida sentencia n.º 114/2019, de 20 de febrero, ECLI:ES:TS:2019:511**, los daños que se producen en una vivienda como consecuencia de filtraciones con origen en un elemento superior de la misma continuarán produciéndose y agravándose con el transcurso del tiempo hasta la subsanación de los defectos que dan lugar a los mismos; por lo que se podrán considerar como permanentes, pero también son continuados pues se agravan por las sucesivas filtraciones que se producen en cada momento en que cae agua sobre la terraza superior.

2. Calificado un daño como permanente, ¿cuándo se fijará el *dies a quo*? ¿Y respecto de los daños continuados?

En caso de **daño permanente**, la fijación del *dies a quo* coincidirá con el **momento de la causación del daño**; concretamente desde el mismo momento en que lo supo el agravado, y ello aunque posteriormente el daño continúa manifestándose. Dicho extremo será así siempre que el daño no continúe agravándose pues, de ser así, nos encontraremos ante un **daño continuado**, en cuyo caso, resultará de aplicación para la determinación del *dies a quo* la **fecha en la que el daño cesa**, momento en que puede cuantificarse su alcance definitivo.

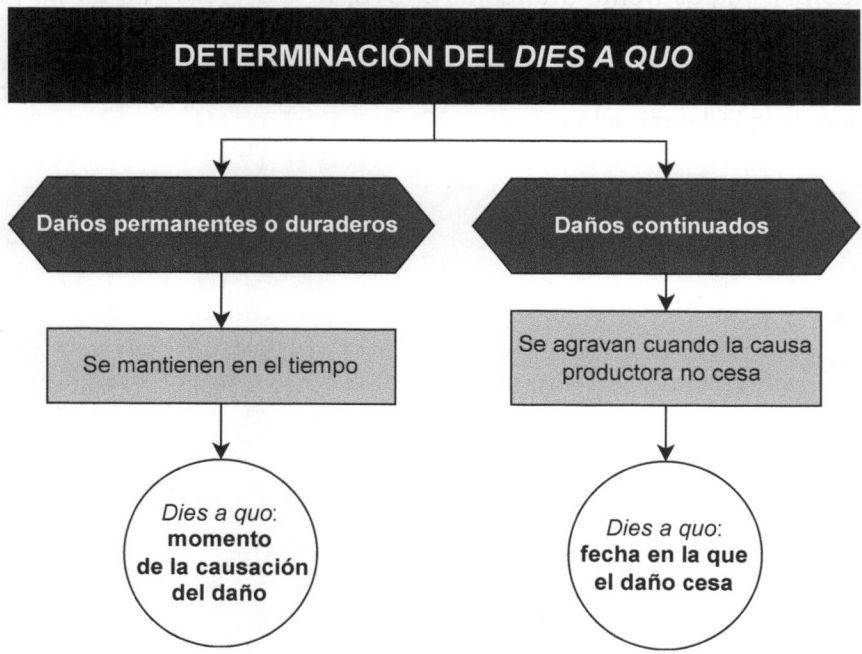

DETERMINACIÓN DEL *DIES A QUO*

Daños permanentes o duraderos

Daños continuados

Se mantienen en el tiempo

Se agravan cuando la causa productora no cesa

Dies a quo: **momento de la causación del daño**

Dies a quo: **fecha en la que el daño cesa**

Gastos generados con ocasión del procedimiento judicial contra la comunidad de propietarios

Toda vez que el artículo 9 de la Ley de Propiedad Horizontal impone la obligación a todos los copropietarios de participar de manera proporcionada en los «gastos generales», **el comunero que ha iniciado un procedimiento judicial contra la comunidad ¿debe participar a la contribución de esos «gastos generales» derivados de la situación litigiosa? No.** En aquellos casos en los que uno de los comuneros se enfrenta a una situación litigiosa contra la comunidad de propietarios, los desembolsos que esta última deba llevar a cabo para sufragar los gastos generados con ocasión de la controversia, no podrán adquirir carácter de «gastos generales» con relación al miembro o miembros a los que se enfrentan.

Dicho extremo ha venido siendo puesto de manifiesto en los diferentes pronunciamientos que al respecto ha tenido la oportunidad de recoger, desde antaño, nuestro Tribunal Supremo. Así, lo recoge la **sentencia n.º 475/2011, de 24 de junio, ECLI:ES:TS:2011:4223**, en la que la sala estima el recurso de casación interpuesto pues, tal y como ponen de manifiesto los magistrados, los argumentos de la sentencia objeto de recurso contradicen la **doctrina** de la sala siendo así que «si la comunidad de propietarios no actúa de consuno, sino que, rota la armonía, surge la contienda judicial enfrentándose aquella y uno (en el caso varios) de sus componentes, **los desembolsos impuestos por la situación litigiosa no merecen la calificación de gastos generales** con relación al segundo. **Solo son a cargo de la comunidad los gastos por litigios frente a terceros**». (STS, n.º 689/1997, de 24 de julio, ECLI:ES:TS:1997:5281).

Misma respuesta se dará para el caso de que la comunidad de propietarios deba indemnizar al comunero litigante. Este no estará obligado a contribuir al pago de la indemnización.

3.
HUMEDADES EN LA VIVIENDA O LOCAL POR CULPA DE UN VECINO. RECLAMACIÓN AL VECINO Y/O COMPAÑÍA DE SEGUROS

¿Cómo sabremos si la humedad o filtración es consecuencia de un elemento privativo de un vecino?

El que por acción u omisión causa daño a otro, interviniendo culpa o negligencia, está obligado a reparar el daño causado, así lo establece el artículo 1902 del Código Civil.

Por lo que la responsabilidad basada en los artículos 1902 y siguientes del Código Civil con relación a los daños producidos por humedades y filtraciones de agua en edificios colindantes ofrece una muestra de la denominada «responsabilidad objetiva o por riesgo» que responsabiliza al dueño, ocupante por cualquier título, de una casa o vivienda, y por razón del principio de salvaguardia de las relaciones de vecindad.

De manera que el hecho de mediar o no culpa por parte del propietario de la vivienda o local que causa las humedades o filtraciones no impide su deber de resarcir a quien sufrió el daño (sentencia de la Audiencia Provincial de Córdoba n.º 10/2004, de 19 de enero, ECLI:ES:APCO:2004:74).

En este sentido debemos atender al origen de las filtraciones y diferenciar si estas tienen origen en elementos comunes o instalaciones comunitarias o bien las filtraciones son causadas por instalaciones privativas de un vecino.

Una vez conocido el origen, debemos atender a si el elemento causante de la filtración es privativo o comunitario, pues la responsabilidad recaerá en uno u otro sujeto. Es decir, dependiendo de donde esté el origen de esta filtración se reclamará ante la comunidad de propietarios o ante el vecino. En este apartado nos centraremos en las filtraciones o humedades que tengan su origen en un elemento privativo de un vecino/a.

Asimismo, **los tribunales vienen considerando que una conducción será privativa si su función es satisfacer a un propietario en concreto.** Así, serán privativas las cañerías que salgan de la red general del edificio para dar servicio a la vivienda o local y serán comunes el resto de conducciones, aun cuando puedan discurrir en parte por espacios privativos.

En este sentido, la **sentencia de la Audiencia Provincial de Madrid n.º 303/2009, de 6 de julio, ECLI:ES:APM:2009:8320,** reza:

> «En el presente caso la tubería averiada discurría por el suelo de la terraza y del comedor del piso NUM002, hasta el radiador de este último, siendo preciso, según documento emitido por el fontanero (al folio 122) desmontar los tubos de la calefacción y poner dos llaves de esfera, tubo de cobre, 4 entronques y varios codos con sus juntas y soldaduras, debiendo luego tapar de nuevo el suelo de terraza y salón. Por tanto aplicando la doctrina reseñada, **cabe concluir que la conducción causante de los daños en el piso asegurado en Reale, es de carácter privativo, al estar dentro de los límites del NUM002, aunque esté conectada, lógicamente a la conducción vertical, esta ya sí comunitaria.** En consecuencia su estado de conservación depende de su propietario, sin que deba responder de los daños y perjuicios reclamados la C de P, ni su aseguradora Liberty».

Si bien, el propietario/a de una vivienda que sufra humedades y que disponga de un seguro de hogar deberá dirigirse a su aseguradora para que esta comience todos los trámites para la averiguación del origen de las humedades y su posterior reclamación.

Sin embargo, antes de presentar cualquier reclamación a un vecino/a, debemos tener claro que las humedades en la vivienda o local tienen origen en un elemento privativo y no en elementos comunes o por defectos de la construcción, para ello debemos contar con un **informe pericial** que certifique que la filtración o humedad tiene origen en un elemento privativo.

En los supuestos de responsabilidad extracontractual y, más en concreto, en los casos de humedades entre vecinos, la **intervención del perito suele estar relacionada con la acreditación del nexo causal.** Se trata de demostrar que las humedades tienen su origen en un elemento privativo, en estos casos, las distintas audiencias provinciales han venido señalando que **el perjudicado únicamente tiene que probar la existencia del daño y el nexo causal,** es decir, por ejemplo, que la humedad proviene del piso de arriba (**sentencia de la Audiencia Provincial de Alicante n.º 408/2013, de 12 de julio, ECLI:ES:APA:2013:2754**).

Asimismo, **es necesario la existencia de una prueba terminante sin que sean suficientes meras conjeturas, deducciones o probabilidades. El cómo y por qué del siniestro constituyen elementos indispensables en el examen de la causa del elemento dañoso** (sentencia de la Audiencia Provincial de Córdoba n.º 10/2004, de 19 de enero, ECLI:ES:APCO:2004:74).

A modo ilustrativo, cabe mencionar la **sentencia de la Audiencia Provincial de Asturias n.º 38/2006, de 31 de enero, ECLI:ES:APO:2006:345,** que establece:

> «Hay un dato sumamente importante que hace que este Tribunal concluya que la causa de la aparición de las humedades por condensación en la

vivienda del actor obedecen a la modificación, por parte de este, de las condiciones de su vivienda (sustitución de la carpintería exterior, por otra metálica, sin rotura de puente térmico, e instalación de calefacción), que le han dotado de una mayor estanqueidad, al tiempo que da una más alta temperatura interior, que favorece la aparición de humedades en las caras interiores de las paredes y techos, al no haber dotado al mismo tiempo a la vivienda de elementos susceptibles de romper los puentes térmicos, y no realizar una más adecuada ventilación interior. Ese dato al que nos referimos es el simple hecho de que solo en el piso NUM002 NUM003 del inmueble existe un problema semejante al que padece el del actor, mientras que el resto de las viviendas, incluida la del NUM000 NUM003, no consta que tengan ese problema.

Pues bien, **dado que no se trata de un problema generalizado en el edificio, ni que afecte siquiera al piso NUM000 NUM003 y estando acreditado que el demandante, después de comprar el piso, modificó de una forma importante sus condiciones de estanqueidad** (lo que favorece la retención de humedad en el interior de la vivienda), dotándole además de instalación de calefacción, de la que no disponía el edificio, sin adaptar el aislamiento de la vivienda a esas nuevas condiciones, y sin adaptar a ellas sus hábitos, procediendo una más intensa ventilación interior, resulta obligado concluir que ha sido el demandante, y no la Comunidad demandada, quien ha colocado su vivienda en condiciones de padecer un problema como el que padece, que no consta que existiese antes de que el demandante adquiriese la vivienda y modificase sus condiciones de habitabilidad, por lo que no se puede imputar a la demandada conducta alguna que, por acción u omisión sea susceptible de generar la responsabilidad contemplada en el artículo 1902 del Código Civil».

CUESTIONES

1. «A» tiene un problema de humedades en su vivienda, si bien, para arreglar las mismas necesita que los operarios pasen y además coloquen andamios en la pared propiedad del matrimonio entre «B» y «C». ¿Tiene «B» que consentir el paso por su propiedad y la colocación de dichos andamios?

Sí, de acuerdo con el artículo 569 del Código Civil y la jurisprudencia mayoritaria, se establece una limitación legal del dominio de forma temporal y transitoria en el marco de las relaciones de buena vecindad. No obstante, esta limitación de la propiedad debe de justificarse apreciando la necesidad como presupuesto fundamental de la acción y, por tanto, tal necesidad debe resultar plenamente acreditada en el procedimiento. La **Audiencia Provincial de A Coruña, en su sentencia n.º 2/2003, de 7 de enero, ECLI:ES:APC:2003:3**, señala que el término indispensable que utiliza el citado artículo 569 del Código Civil no puede entenderse de modo absoluto, sino como una exigencia de ponderación de las distintas alternativas que se plantean para ejecutar las obras, así como las circunstancias concretas de cada caso, estableciendo un juicio de proporcionalidad.

En este mismo sentido se pronuncia la **sentencia de la Audiencia Provincial de A Coruña n.º 529/2002, de 23 de diciembre, ECLI:ES:APC:2002:3202**, en la que se reitera que sin duda la necesidad es el supuesto básico que determina la legitimidad de la inmisión en la propiedad ajena constitutiva de una limitación de esta.

2. Siguiendo con el caso anterior, en el caso de que «B» y «C» no consientan el paso por su propiedad. ¿«A» deberá demandar a «B» y «C» conjuntamente o con que inste demanda contra uno solo de ellos sería suficiente?

En este caso al ser copropietarios «B» y «C», «A» deberá de interponer la demanda contra ambos, pues el dominio del piso que se pretende afectar con una limitación derivada del régimen de propiedad afecta a ambos comuneros. La constitución del litisconsorcio pasivo necesario tiene su fundamento en el derecho de toda persona a ser oída antes de ser condenada, previsto en el artículo 24 de la Constitución Española, así como en la eficacia misma de las resoluciones judiciales, en este sentido se pronuncia la **sentencia de la Audiencia Provincial de Girona n.º 360/2011, de 4 de julio, ECLI:ES:APGI:2001:1089.**

3.1. Reclamación al seguro

¿Qué ocurre si el vecino causante de las humedades tiene seguro? ¿Y en caso de que no cuente con un seguro del hogar?

La respuesta a la primera pregunta será que el seguro a través de la cobertura de responsabilidad civil se hará cargo de toda la reparación. Para el caso de que el vecino causante de las humedades no cuente con un seguro del hogar, como ya hemos señalado anteriormente, cualquier persona que **por acción u omisión causa daño a otro, interviniendo culpa o negligencia, está obligado a reparar el daño causado**.

En los casos en los que la humedad provenga de un elemento privativo (lo más habitual en estos casos es que la humedad provenga como consecuencia de una fuga del piso superior o contiguo) y el propietario del piso no disponga de seguro del hogar, será el propietario del inmueble causante de las humedades quien deberá asumir todos los gastos que conlleve arreglar los desperfectos tanto en la vivienda afectada como en el origen de la misma.

En los casos en que el/la **propietario/a de la vivienda afectada por las humedades** causadas por un/a vecino/a **tenga el correspondiente seguro del hogar, ¿este se hará cargo de los daños? Sí**, en estos casos, si el/la propietario/a de la vivienda o local perjudicado por las humedades tiene seguro del hogar deberá dar parte para que la aseguradora comience todos los trámites. Lo habitual es que el seguro se encargue de realizar todas las reparaciones y además realizar todos los trámites para reclamar al propietario de la vivienda causante de las humedades o filtraciones.

3.2. Incumplimiento del vecino en la reparación de los daños causantes por las humedades

¿Qué ocurre si el vecino causante de la humedad no se hace cargo de la reparación?

En primer lugar debemos intentar todas las vías amistosas posibles (verbal, burofax con contenido certificado) y en caso de que el propietario causante de las humedades haga caso omiso, tendremos que proceder a interponer una demanda judicial ejercitando, bien la **acción por responsabilidad extracontractual** o bien, en caso de que los propietarios de la vivienda afectada hayan reparado las humedades por su cuenta, que es lo habitual, habrá de interponerse una **demanda ejercitando la acción civil de resarcimiento**, para recuperar las cantidades desembolsadas para hacer frente a la reparación en la vivienda.

En este sentido cabe mencionar la **sentencia del Tribunal Supremo n.º 1118/2004, de 11 de noviembre, ECLI:ES:TS:2004:7314**, que reza el tenor literal siguiente:

> «Esta Sala se basa en la **doctrina jurisprudencial** de la causalidad adecuada o eficiente para determinar la existencia de relación o enlace entre la acción u omisión, causa, y el daño o perjuicio resultante, efecto, pero siempre termina afirmando que opta decididamente por soluciones y criterios que le permitan valorar en cada caso sí el acto antecedente que se presenta como causa tiene virtualidad suficiente para que del mismo se derive, como consecuencia necesaria, el efecto dañoso producido, y que la determinación del nexo causal debe inspirarse en la valoración de las condiciones o circunstancias que el buen sentido señale en cada caso como índice de responsabilidad, dentro del infinito encadenamiento de causas y efectos, con la abstracción de todo exclusivismo doctrinal, pues, como se viene repitiendo con reiteración, si bien el artículo 1902 descansa en un principio básico culpabilístico, no es permitido desconocer que la diligencia requerida comprende no sólo las prevenciones y cuidados reglamentarios, sino además todos los que la prudencia imponga para prevenir el evento dañoso, con inversión de la carga de la prueba y presunción de conducta culposa, así como la aplicación, dentro de unas prudentes pautas, de la responsabilidad basada en el riesgo, aunque sin erigirles en fundamento único de la obligación de resarcir, todo lo cual permite entender que para responsabilizar una conducta, no sólo ha de atenderse a esa diligencia exigible según las circunstancias personales, de tiempo y lugar, sino, además, al sector del tráfico o entornos físico y social donde se proyecta la conducta, para determinar si el agente obró con el cuidado, atención y perserverancia apropiados y con la reflexión necesaria para evitar el perjuicio (Sentencias de 23 de Marzo de 1984, 1 de Octubre de 1985, 2 de Abril y 17 de Diciembre de 1986, 17 de Julio de 1987, 28 de Octubre de 1988, 19 de Febrero de 1992)».

3.3. Competencia territorial para conocer de reclamaciones judiciales sobre humedades en viviendas o locales

¿Qué tribunal será competente territorialmente?

En el **auto del Tribunal Supremo n.º rec. 207/2018 de 13 de noviembre de 2018, ECLI:ES:TS:2018:11851A,** se resuelve respecto a la competencia territorial en los supuestos de filtraciones de agua entre vecinos, en primer lugar, que en los casos en los que se sigan los cauces del juicio verbal no cabe sumisión expresa o tácita a otro tribunal distinto al competente; y en segundo lugar, que en los casos donde se ejercita una acción de responsabilidad extracontractual no es aplicable ninguna de las reglas previstas en el artículo 52 de la LEC, por lo que debe aplicarse la regla del artículo 50 de la LEC, es decir, será competente el lugar del domicilio del demandado.

> **CUESTIÓN**
>
> Con motivo de las filtraciones en un piso contiguo al de «A», situado en la ciudad de Pontevedra, su vivienda sufre una serie de humedades en el techo, cuya reparación asciende a la cantidad de cinco mil euros. El propietario del piso causante de las humedades vive en la ciudad de Lugo. ¿Qué órgano será competente territorialmente?
>
> El juzgado de primera instancia de Lugo por ser el lugar del domicilio del demandado.

3.4. Prescripción de la acción de responsabilidad civil extracontractual

¿Cuándo prescribirá la acción de reclamar la reparación de los daños?

Al igual que ocurre con todas las acciones, la acción de responsabilidad civil extracontractual está sujeta a un plazo de prescripción que asciende al **periodo de un año** (artículo 1968.2.º del Código Civil).

Sobre este particular, debemos diferenciar, además, si nos encontramos ante daños permanentes o daños continuados para poder saber en qué día comienza a correr el plazo de prescripción.

En la **sentencia del Tribunal Supremo n.º 114/2019 de 20 de febrero, ECLI:ES:TS:2019:511,** se realiza la siguiente diferenciación entre daños permanentes y daños continuados, para determinar el día exacto en que comienza el plazo de prescripción:

> «En primer lugar, como se sostiene en el único motivo de casación, **la consideración de los daños como permanentes** (que se mantienen en el tiempo) o continuados (que no solo se mantienen, sino que se van agravando en cuando a su causa productora no cesa), no es una mera cuestión fáctica —como sostiene la parte recurrida— sino que **alcanza efectos jurídicos en tanto que influye en la determinación del dies a quo para el comienzo del plazo de prescripción,** siendo por otra parte incontestable que los daños que se producen por filtraciones desde un elemento superior continúan produciéndose y agravándose con el transcurso del tiempo hasta la subsanación de los defectos que dan lugar a los mismos, por lo que se podrán considerar como permanentes, como sostiene la Audiencia, pero también son continuados pues se agravan por las sucesivas filtraciones que se producen en casa momento en que cae agua sobre la terraza superior».

La citada sentencia continúa señalando que la aplicación de lo dispuesto por el artículo 1969 del CC da lugar a que la fijación del *dies a quo*, en el caso de daños continuados, haya de coincidir con la fecha en que los mismos cesan y, en consecuencia, cuándo cabe cuantificar su alcance definitivo, pues es entonces y no antes, cuando la acción puede ejercitarse.

Es decir, el artículo 1969 del Código Civil establece que el comienzo del plazo de la prescripción coincide con el momento en que la acción puede ejercitarse, para lo que no basta, en palabras del Tribunal Supremo, con el conocimiento del daño, sino que, es necesario, además, que se conozca la identidad del responsable del mismo a efectos de poder ejercer adecuadamente la acción.

3.5. Legitimación del arrendatario para reclamar los daños por humedades

¿Está legitimado/a un/a inquilino/a para reclamar los daños por humedades ocasionados por otro vecino/a en la vivienda o local arrendado?

En primer lugar, debemos señalar que cuando se trate de acciones fundadas en el artículo 1902 del CC, la jurisprudencia **exige tener la condición de perjudicado** —en este caso por filtraciones o humedades—, por lo que no se requiere que sea el propietario de la vivienda o local para ejercitar la acción de responsabilidad civil extracontractual, sino que haya sido únicamente perjudicado.

Por lo tanto, de acuerdo con la **sentencia de la Audiencia Provincial de Cáceres n.º 338/2015, de 23 de noviembre, ECLI:ES:APCC:2015:844**, «todo arrendatario puede estar legitimado para el ejercicio de esta acción de responsabilidad civil extracontractual, **siempre que tenga la condición de perjudicado**».

4.
HUMEDADES POR DEFECTOS DE LA CONSTRUCCIÓN. SUPUESTO DE LAS VIVIENDAS DE NUEVA CONSTRUCCIÓN. RECLAMACIÓN A LOS AGENTES DE LA EDIFICACIÓN

¿Qué debemos entender por defectos en la construcción?

De acuerdo con el artículo 3 de la Ley 38/1999, de 5 de noviembre, de Ordenación de la Edificación, con el fin de garantizar la seguridad de las personas, el bienestar de la sociedad y la protección del medio ambiente, se establecen los siguientes requisitos básicos de la edificación, que deberán satisfacerse, de la forma que reglamentariamente se establezca, en el proyecto, la construcción, el mantenimiento, la conservación y el uso de los edificios y sus instalaciones, así como en las intervenciones que se realicen en los edificios existentes:

|| a) Relativos a la funcionalidad:

1.- Utilización, de tal forma que la disposición y las dimensiones de los espacios y la dotación de las instalaciones faciliten la adecuada realización de las funciones previstas en el edificio.

2.- Accesibilidad, de tal forma que se permita a las personas con movilidad y comunicación reducidas el acceso y la circulación por el edificio en los términos previstos en su normativa específica.

3.- Acceso a los servicios de telecomunicación, audiovisuales y de información de acuerdo con lo establecido en su normativa específica.

4.- Facilitación para el acceso de los servicios postales, mediante la dotación de las instalaciones apropiadas para la entrega de los envíos postales, según lo dispuesto en su normativa específica.

|| b) Relativos a la seguridad:

1.- Seguridad estructural, de tal forma que no se produzcan en el edificio, o partes del mismo, daños que tengan su origen o afecten a la cimentación, los soportes, las vigas, los forjados, los muros de carga u otros elementos estructurales, y que comprometan directamente la resistencia mecánica y la estabilidad del edificio.

2.- Seguridad en caso de incendio, de tal forma que los ocupantes puedan desalojar el edificio en condiciones seguras, se pueda limitar la extensión del incendio dentro del propio edificio y de los colindantes y se permita la actuación de los equipos de extinción y rescate.

3.- Seguridad de utilización, de tal forma que el uso normal del edificio no suponga riesgo de accidente para las personas.

|| **c) Relativos a la habitabilidad:**

1.- Higiene, salud y protección del medio ambiente, de tal forma que se alcancen condiciones aceptables de salubridad y estanqueidad en el ambiente interior del edificio y que este no deteriore el medio ambiente en su entorno inmediato, garantizando una adecuada gestión de toda clase de residuos.

2.- Protección contra el ruido, de tal forma que el ruido percibido no ponga en peligro la salud de las personas y les permita realizar satisfactoriamente sus actividades.

3.- Ahorro de energía y aislamiento térmico, de tal forma que se consiga un uso racional de la energía necesaria para la adecuada utilización del edificio.

4.- Otros aspectos funcionales de los elementos constructivos o de las instalaciones que permitan un uso satisfactorio del edificio.

El Código Técnico de la Edificación es el marco normativo que establece las exigencias básicas de calidad de los edificios de nueva construcción y de sus instalaciones, así como de las intervenciones que se realicen en los edificios existentes, de acuerdo con lo previsto en las letras b) y c) del artículo 2.2, de tal forma que permita el cumplimiento de los anteriores requisitos básicos.

Las normas básicas de la edificación y las demás reglamentaciones técnicas de obligado cumplimiento constituyen, a partir de la entrada en vigor de esta ley, la reglamentación técnica hasta que se apruebe el Código Técnico de la Edificación conforme a lo previsto en la disposición final segunda de la LOE.

El Código podrá completarse con las exigencias de otras normativas dictadas por las Administraciones competentes y se actualizará periódicamente conforme a la evolución de la técnica y la demanda de la sociedad.

4.1. Reclamación a los agentes de la edificación

¿Quién está legitimado para ejercitar las acciones tendentes a la reparación e indemnización por los daños ocasionados por defectos en la construcción?

La sentencia del Tribunal Supremo n.º 84/2004 de 10 de febrero, ECLI:ES:TS:2004:793, señala que la **legitimación activa** para reclamar viene atribuida, según a quien se repute como perjudicado.

Por otro lado, en cuanto a si la reclamación ha de ser a título individual o bien se hará a través de la comunidad de propietarios, la **sentencia del Tribunal Supremo n.º 383/2017, de 16 de junio, ECLI:ES:TS:2017:2365**, indica que **el presidente de la comunidad de propietarios está legitimado para ejercitar las acciones tendentes a la reparación e indemnización de los elementos comunes y privativos de un edificio o inmueble cuando afecta a una pluralidad de propietarios** y con el fin de evitar que todos tengan que demandar individualmente. Es decir, la jurisprudencia mayoritaria ha ampliado las facultades del presidente de la comunidad de propietarios a la defensa de los intereses que afecten también a los elementos privativos de un inmueble siempre y cuando los propietarios le autoricen.

Asimismo, hay casos en que es difícil o bien imposible separar las respectivas responsabilidades de los intervinientes en un contrato de obra y en consecuencia en el proceso constructivo y, en estos casos, se podrá exigir la responsabilidad solidaria de los intervinientes.

4.2. Los agentes de la edificación

¿Quiénes son los agentes de la edificación?

|| 1. Promotor

Será considerado promotor cualquier persona, física o jurídica, pública o privada que, individual o colectivamente, decide, impulsa, programa y financia, con recursos propios o ajenos, las obras de edificación para sí o para su posterior enajenación, entrega o cesión a terceros bajo cualquier título (apdo. 1 del artículo 9 de la LOE).

El promotor ni diseña ni ejecuta o vigila la obra, estas son funciones de los demás agentes que intervienen en el proceso constructivo. El promotor idea, controla, administra y dirige el proceso constructivo, al fin de incorporar al mercado la obra hecha.

¿Qué obligaciones tiene el promotor?

Según lo establecido en el apdo. 2 del artículo 9 de la LOE:

- Ostentar sobre el solar la titularidad de un derecho que le faculte para construir en él.

- Facilitar la documentación e información previa necesaria para la redacción del proyecto, así como autorizar al director de obra las posteriores modificaciones del mismo.

- Gestionar y obtener las preceptivas licencias y autorizaciones administrativas, así como suscribir el acta de recepción de la obra.

– Suscribir los seguros previstos en el artículo 19 de la LOE.

– Entregar al adquirente, en su caso, la documentación de obra ejecutada, o cualquier otro documento por las administraciones competentes.

|| 2. Constructor (art. 11 de la Ley 38/1999, de 5 de noviembre)

El constructor es el agente que asume, contractualmente ante el promotor, el compromiso de ejecutar con medios humanos y materiales, propios o ajenos, las obras o parte de las mismas con sujeción al proyecto y al contrato.

¿Qué obligaciones tiene el constructor?

1. Ejecutar la obra con sujeción al proyecto, a la legislación aplicable y a las instrucciones el director de obra y del director de la ejecución de la obra, a fin de alcanzar la calidad exigida en el proyecto.

2. Tener la titulación o capacitación profesional que habilita para el cumplimiento de las condiciones exigibles para actuar como constructor.

3. Designar al jefe de la obra que asumirá la representación técnica del constructor en la obra y que por su titulación o experiencia deberá tener la capacitación adecuada de acuerdo con las características y la complejidad de la obra.

4. Asignar a la obra los medios humanos y materiales que su importancia requiera.

5. Formalizar las subcontrataciones de determinadas partes o instalaciones de la obra dentro de los límites establecidos en el contrato.

6. Firmar el acta de replanteo o de comienzo y el acta de recepción de la obra.

7. Facilitar al director de obra los datos necesarios para la elaboración de la documentación de la obra ejecutada.

8. Suscribir las garantías establecidas en la Ley 38/1999, de 5 de noviembre.

|| 3. Arquitecto y arquitecto técnico

El **arquitecto técnico** es responsable de que la obra se ejecute con sujeción al proyecto y exacta observancia de las órdenes e instrucciones del arquitecto director, pero esto no significa su sujeción o sometimiento pleno y absoluto que suponga un actuar pleno y absoluto que suponga un actuar dotado de automatismo, pues, en todo caso, lo que se ha de alcanzar es una buena construcción, con observancia de las prácticas y reglas correspondientes (**sentencia del Tribunal Supremo n.° 1007/2005, de 15 de diciembre, ECLI:ES:TS:2005:7410**).

El **arquitecto** es el encargado del diseño y supervisión de la construcción.

4.3. La responsabilidad de los agentes de la edificación

¿Qué responsabilidad civil tienen los agentes de la edificación?

Sin perjuicio de sus responsabilidades contractuales, **las personas físicas o jurídicas que intervienen en el proceso de edificación** responden frente a los propietarios y a los terceros adquirentes de los edificios o parte de los mismos, en el caso de que sean objeto de división, de los siguientes daños materiales ocasionados en el edificio **dentro de los plazos indicados, contados desde la fecha de recepción de la obra, sin reservas o desde la subsanación de estas** (art. 17 de la Ley 38/1999, de 5 de noviembre):

– **Durante 10 años**: los daños materiales causados en el edificio por vicios o defectos que afecten a la cimentación, los soportes, la vigas, los forjados, los muros de carga u otros elementos estructurales, y que comprometan directamente la resistencia mecánica y la estabilidad del edificio.

– **Durante 3 años**: de los daños materiales causados en el edificio por vicios o defectos de los elementos constructivos o de las instalaciones que ocasionen el incumplimiento de los requisitos de habitabilidad del apartado 1, letra c), del artículo 3 de la Ley 38/1999, de 5 de noviembre.

El **constructor** también responderá de los daños materiales por vicios o defectos de ejecución que afecten a elementos de terminación o acabado de las obras dentro del **plazo de un año**.

Hay que hacer mención de lo dispuesto en el **artículo 1591 del Código Civil**, que señala que el contratista de un edificio que se arruinase por vicios de la construcción, responde de los daños y perjuicios **si la ruina tuviere lugar dentro de diez años**, contados desde que concluyó la construcción; igual responsabilidad, y por el mismo tiempo, tendrá el arquitecto que la dirigiere, si se debe la ruina a vicio del suelo o de la dirección.

Si la causa fuere la falta del contratista a las condiciones del contrato, la acción de indemnización durará quince años.

PLAZOS

CONTADOS DESDE LA FECHA DE LA RECEPCIÓN DE LA OBRA

10 AÑOS

- Daños materiales causados en el edificio por vicios o defectos que afecten a la cimentación
- Soportes
- Vigas
- Forjados
- Muros de Carga
- Cualquier elemento estructural que comprometa la resistencia mecánica y la estabilidad del edificio

3 AÑOS

- Daños materiales causados en el edificio por elementos constructivos
- Daños que ocasionen incumplimiento de los requisitos de habitabilidad

1 AÑO

CONSTRUCTOR

Daños materiales por vicios o defectos de ejecución que afecten a **elementos de terminación o acabado** de las obras

CUESTIONES

1. ¿Quiénes serán los responsables civiles por filtraciones cuyo origen se encuentre en la edificación del edificio?

La respuesta se encuentra en la ya mencionada Ley de Ordenación de la Edificación, concretamente en sus artículos 17 y siguientes donde se regula la responsabilidad civil de aquellas personas que intervienen en el proceso de edificación.

Señala que esas personas físicas o jurídicas, que intervinieron en el proceso de la edificación, responderán frente a los propietarios y los terceros adquirentes de los edificios o parte de los mismos.

Asimismo, la responsabilidad civil será exigible de manera personal e individualizada, tanto por acciones como por omisiones. Sin embargo, cuando no fuera posible la individualización de los daños, la responsabilidad se convertirá en solidaria.

2. ¿Qué plazo existe para el ejercicio de la acción civil de responsabilidad?

La acción para exigir la responsabilidad está sujeta a un plazo de prescripción al que hace referencia el artículo 18 de la Ley 38/1999 de 5 de noviembre, de Ordenación de la Edificación, que señala que «Las acciones para exigir la responsabilidad prevista en el artículo 17 por daños materiales dimanantes de los vicios o defectos, prescribirán en el plazo de **dos años a contar desde que se produzcan dichos daños**, sin perjuicio de las acciones que puedan subsistir para exigir responsabilidades por cumplimiento contractual».

La necesaria coordinación de ambos preceptos exige que el daño material se produzca en el plazo de garantía y que, una vez se manifieste en tal periodo de tiempo, **la correspondiente acción se ejercite dentro del plazo de dos años.**

Por lo que **los plazos del artículo 17 de la LOE responden a un presupuesto y marco objetivo de responsabilidad,** y **los plazos del artículo 18 del mismo texto legal responden, con independencia, a un presupuesto de accionabilidad para exigir tal responsabilidad,** de forma que previamente observados los defectos o vicios constructivos, dentro del marco establecido por los plazos de garantía y, por tanto, sin la necesidad de integrar la totalidad de dicho plazo, **el plazo de dos años para exigir la responsabilidad por los daños materiales dimanantes de los vicios o defectos comenzará a contarse desde el momento en que se produzcan,** en este sentido es interesante la lectura de la **sentencia del Tribunal Supremo n.º 13/2020, de 15 de enero, ECLI:ES:TS:2020:25**.

Es decir, habrá que distinguir dos periodos:

- **Plazo de garantía:** se refiere al tiempo dentro del cual ha de haberse manifestado el vicio para que pueda exigirse responsabilidad, diez, tres y un año.

- **Plazo de prescripción:** se refiere de dos años contemplado en la LOE que existe para poder llevar a cabo la acción de reclamación.

Sin bien, **¿en qué momento comenzará a contar el plazo de prescripción?** Desde que se hayan detectado los defectos. Sin embargo, al tratarse de un plazo de prescripción el plazo de dos años se interrumpirá si se realiza alguna reclamación extrajudicial, por ejemplo, enviando un burofax.

En cuanto al alcance de la responsabilidad de cada uno de los agentes de la edificación, el **constructor** responderá de los daños materiales por vicios o defectos **de ejecución que afecten a elementos de terminación o acabado de las obras dentro del plazo de un año.**

Asimismo, la responsabilidad civil será exigible en forma personal e individualizada, tanto por actos u omisiones propios, como por actos u omisiones de personas por las que, con respecto a la LOE se deba responder.

No obstante, **cuando no pueda individualizarse la causa de los daños materiales o quedase debidamente probada la concurrencia de culpas sin que pudiera precisarse el grado de intervención de cada agente en el daño producido,** la responsabilidad se exigirá solidariamente. La jurisprudencia del Tribunal Supremo determina que la atribución de responsabilidad al promotor por los vicios o defectos ruinógenos de la edificación ha sido ampliamente examinado por nuestro Alto Tribunal que tiene establecido que aunque el promotor no hubiera asumido tareas de constructor, no por esto está exento de toda responsabilidad.

En todo caso, **el promotor responderá solidariamente con los demás agentes intervinientes ante los posibles adquirientes de los daños materiales en el edificio ocasionados por vicios o defectos de construcción**.

Sin perjuicio de las medidas de intervención administrativas que en cada caso procedan, **la responsabilidad del promotor** que se establece en la LOE se extenderá a personas físicas o jurídicas que, a tenor del contrato o de su intervención decisoria en la promoción, actúen como tales promotores bajo la forma de promotor o gestor de cooperativas o de comunidades de propietarios u otras figuras análogas.

Cuando el proyecto haya sido contratado conjuntamente con más de un proyectista, los mismos responderán solidariamente. Los proyectistas que contraten los cálculos, estudios, dictámenes o informes de otros profesionales, serán directamente responsables de los daños que puedan derivarse de su insuficiencia, incorrección o inexactitud, sin perjuicio de la repetición que pudieran ejercer contra sus autores.

El constructor responderá directamente de los daños materiales causados en el edificio por vicios o defectos derivados de la impericia, falta de capacidad profesional o técnica, negligencia o incumplimiento de las obligaciones atribuidas al jefe de obra y demás personas físicas o jurídicas que de él dependan. Cuando el constructor subcontrate con otras personas físicas o jurídicas la ejecución de determinadas partes o instalaciones de la obra, será directamente responsable de los daños materiales por vicios o defectos de su ejecución, sin perjuicio de la repetición a que hubiere lugar. Asimismo, **el constructor responderá de los daños materiales causados en el edificio por las deficiencias de los productos de construcción adquiridos o aceptados por él, sin perjuicio de la repetición a que hubiere lugar**.

El director de obra y el director de ejecución de la obra suscriben un certificado final de obra, por el cual serán responsables de la veracidad y exactitud del mismo. Quien acepte la dirección de una obra cuyo proyecto no haya elaborado el mismo, asumirá las responsabilidades derivadas de las omisiones, deficiencias o imperfecciones del proyecto, sin perjuicio de la repetición que pudiere corresponderle frente al proyectista. Cuando la dirección de obra se contrate de manera conjunta a más de un técnico los mismos responderán solidariamente sin perjuicio de la distribución que entre ellos corresponda.

> **A TENER EN CUENTA.** Las responsabilidades por daños no serán exigibles a los agentes que intervengan en el proceso de la edificación, si se prueba que aquellos fueron ocasionados por caso fortuito, fuerza mayor, acto de tercero o por el propio perjudicado por el daño.

En este sentido, es interesante la **sentencia del Tribunal Supremo n.º 13/2020, de 15 de enero, ECLI:ES:TS:2020:25**, que reza:

> «Como ha declarado con reiteración la jurisprudencia, **en los casos de solidaridad impropia, la interrupción de la acción con respecto a uno de los deudores solidarios no afecta a los otros**, salvo aquellos casos en los que, por razones de conexidad o dependencia, pueda presumirse el conocimiento previo del hecho de la interrupción. (...)

Doctrina que se considera aplicable a los procesos de la construcción, como explica la STS 510/2015, de 17 de septiembre, en la que se declaró que:

"En definitiva, se podrá sostener que la solidaridad ya no puede calificarse en estos casos de impropia puesto que con la Ley de Ordenación de la Edificación no tiene su origen en la sentencia, como decía la jurisprudencia, sino en la ley. **Lo que no es cuestionable es que se trata de una responsabilidad solidaria, no de una obligación solidaria en los términos del artículo 1137 del Código Civil** («cuando la obligación expresamente lo determine, constituyéndose con el carácter de solidaria›), con la repercusión consiguiente en orden a la interrupción de la prescripción que se mantiene en la forma que ya venía establecida por esta Sala en la sentencia de 14 de marzo de 2003, con la precisión de que con la LOE esta doctrina se matiza en aquellos supuestos en los que establece **una obligación solidaria inicial, como es el caso del promotor frente a los propietarios y los terceros adquirentes de los edificios o parte de los mismos, en el caso de que sean objeto de división, puesto que dirigida la acción contra cualquiera de los agentes de la edificación, se interrumpe el plazo de prescripción respecto del mismo,** pero no a la inversa, o aquellos otros en los que la acción se dirige contra el director de la obra o el proyectista, en los que también se interrumpe, pero no respecto del resto de los agentes salvo del promotor que responde solidariamente con todos ellos 'en todo caso' (art. 17.3) aún cuando estén perfectamente delimitadas las responsabilidades y la causa de los daños sea imputable a otro de los agentes el proceso constructivo (SSTS de 24 de mayo, 29 de noviembre de 2007, 13 de marzo de 2008, 19 de julio de 2010, 11 de abril de 2012)"».

4.4. El caso de la vivienda de obra nueva

Especialidades en la responsabilidad por defectos de la construcción en vivienda de obra nueva

Una vivienda de obra nueva es aquella que tiene menos de un año de antigüedad desde la finalización de la obra, pero no será solo aquella que se hiciera enteramente de nueva planta, sino también la que se verifica sobre edificio antiguo añadiéndole, quitándole o dándole una forma distinta susceptible de causar perjuicio, y no únicamente es obra la resultante del empleo con materiales con adherencia fija al suelo, sino también la que emplea elementos transportables o piezas desarmables.

En este caso particular, además de las garantías mencionadas anteriormente, cuando se trata de una vivienda de nueva construcción, el comprador/a podrá exigir la responsabilidad al vendedor por incumplimiento del contrato.

El **artículo 19 de la LOE**, referente al régimen de garantías exigible, señala que será obligatorio:

- **Seguro de daños materiales, seguro de caución o garantía financiera**, para garantizar, durante un año, el resarcimiento de los daños materiales por vicios o defectos de ejecución que afecten a elementos de terminación o acabado de las obras, que podrá ser sustituido por la retención por el promotor de un 5 % del importe que la ejecución material de la obra.

- **Seguro de daños materiales, seguro de caución o de garantía financiera**, para garantizar, durante un año, el resarcimiento de los daños materiales por vicios o defectos de los elementos constructivos o de las instalaciones que ocasionen el incumplimiento de los requisitos de habitabilidad.

- **Seguro de daños materiales, seguro de caución o de garantía financiera**, para garantizar durante diez años, el resarcimiento de los daños materiales causado en el edificio por vicios o defectos que tengan su origen o afecten a la cimentación, los soportales, las vigas, los forjados, los muros de carga u otros elementos estructurales y que comprometan directamente la resistencia mecánica y estabilidad del edificio.

En cuando al seguro de daños materiales, reunirán las siguientes condiciones:

- **Tendrá la consideración de tomador del seguro el constructor**: en los casos de los seguros para garantizar durante un año, el resarcimiento de los daños materiales por vicios o defectos de ejecución que afecten a elementos de terminación o acabado de obras.

- **Tendrá la consideración tomador del seguro el promotor**: en los supuestos de seguros que garanticen, durante un año, el resarcimiento de los daños materiales por vicios o defectos de los elementos constructivos o de las instalaciones que ocasionen el incumplimiento de los requisitos de habitabilidad y los seguros que garanticen durante diez años (seguro decenal) el resarcimiento de los daños materiales causados en el edificio por vicios o defectos que tengan su origen o afecten a la cimentación, los soportales, las vigas, los forjados, los muros de cargas u otros elementos estructurales.

En lo que concierne a los seguros de caución (apdo. 3 del artículo 19 de la LOE) reunirán las siguientes condiciones:

- Las señaladas en los apartados 2.a) y 2.b) del artículo 19 de la LOE. En relación con el apartado 2.a) del artículo 19 de la LOE, los asegurados serán siempre los sucesivos adquirientes del edificio o de parte del mismo.

- El asegurador asume el compromiso de indemnizar al asegurado al primer requerimiento.

- El asegurador **no podrá oponer al asegurado las excepciones que puedan corresponderle contra el tomador del seguro**.

Una vez tomen efecto las coberturas del seguro, no podrá rescindirse ni resolverse el contrato de mutuo acuerdo antes del transcurso del plazo de duración previsto en el apartado 1 del artículo 19 de la LOE.

En lo que respecta al **importe mínimo del capital asegurado,** de acuerdo con el apartado 5 del artículo 19 de la LOE:

– **El 5 % del coste final** de la ejecución material de la obra, incluidos los honorarios profesionales para las garantías del seguro de daños materiales, seguro de caución o garantía financiera, para garantizar durante un año, el resarcimiento de los daños materiales por vicios o defectos de ejecución que afecten a elementos de terminación o acabado de las obras.

– **El 30 % del coste final** de la ejecución material de la obra, incluidos los honorarios profesionales, para las garantías del seguro de daños materiales, seguro de caución o garantía financiera, para garantizar durante tres años, el resarcimiento de los daños causados por vicios o defectos de elementos constructivos o de las instalaciones que ocasionen el incumplimiento de los requisitos de habitabilidad.

– **El 100 % del coste final de la ejecución material de la obra,** incluidos los honorarios profesionales, para las garantías del seguro de daños materiales seguro de caución o garantía financiera, para garantizar durante diez años, el resarcimiento de los daños materiales causados en el edificio por vicios o defectos que tengan origen o afecten a la cimentación, los soportes, las vigas, los forjados, los muros de carga u otros elementos estructurales, y que comprometan directamente la resistencia mecánica y estabilidad del edificio.

CUESTIÓN

¿Qué daños no serán cubiertos por las garantías a las que nos referimos anteriormente?

1. Los daños corporales u otros perjuicios económicos distintos de los daños materiales que garantiza la LOE.

2. Los daños ocasionados a inmuebles contiguos o adyacentes al edificio.

3. Los daños causados a bienes muebles situados en el edificio.

4. Los daños ocasionados por modificaciones u obras realizadas en el edificio después de la recepción, salvo las de subsanación de los defectos observados en la misma.

5. Los daños ocasionados por mal uso o falta de mantenimiento adecuado del edificio.

6. Los gastos necesarios para el mantenimiento del edificio del que ya se ha hecho recepción.

7. Los daños que tengan su origen en un incendio o explosión, salvo por vicios o defectos de las instalaciones propias del edificio.

8. Los daños que fueran ocasionados por caso fortuito, fuerza mayor, acto de tercero o por el propio perjudicado por el daño.

9. Los siniestros que tengan su origen en partes de la obra sobre las que haya reservas recogidas en el acta de recepción, mientras que tales reservas no hayan sido subsanadas queden reflejadas en una nueva acta suscrita por los firmantes del acta de recepción.

A TENER EN CUENTA. El promotor podrá pactar expresamente con el constructor que este sea tomador del seguro por cuenta de aquel.

El plazo empezará a computar desde el momento de recepción de la obra, sin embargo, **los plazos de garantía comenzarán a computar desde el momento en que se produce el daño o se manifiesta el mismo.**

ANEXO I.
CASOS PRÁCTICOS

ANEXO I.
CASOS PRÁCTICOS

Caso práctico | Obligación de permitir la entrada en la vivienda para verificar el origen de humedades

PLANTEAMIENTO

Ante la aparición de humedades en la fachada del edificio y con la creencia de que la causa de las mismas se origina en un sumidero desde el que parte la bajante comunitaria sita en la terraza de uso privativo de una de las comuneras, la comunidad de propietarios solicita a la referida propietaria que permita la entrada en su vivienda a los operarios, técnicos y/o profesionales designados por la comunidad de propietarios para verificar el origen de las filtraciones y, en su caso, efectuar las reparaciones necesarias para evitarlas.

La propietaria de la vivienda entiende que el sumidero se encuentra en perfecto estado, por lo que, alega que no se hace necesario el acceso ni comprobación de dicha terraza y sumidero.

¿Tiene la obligación el propietario de permitir la entrada en la vivienda para verificar el origen de humedades?

RESPUESTA

Sí. La obligación del propietario de permitir el acceso a su vivienda para la verificación del origen de las humedades se encuentra expresamente prevista en el artículo 9.1.d) de la Ley de Propiedad Horizontal, precepto en el que se reseña **la obligación del propietario de consentir en su vivienda o local las reparaciones que exija el servicio del inmueble y permitir en él las servidumbres imprescindibles requeridas para la realización de obras, actuaciones o la creación de servicios comunes llevadas a cabo o acordadas conforme a lo establecido en la Ley de Propiedad Horizontal,** teniendo —en su caso— derecho a que la comunidad le resarza de los daños y perjuicios ocasionados, pero debiendo, en todo caso, permitir la entrada en su piso o local a tales efectos siempre que dicha entrada se presente como el modo más idóneo.

Encontramos un caso de autos similar al supuesto de hechos arriba planteamiento en la **sentencia n.º 140/2014, de 16 de junio. ECLI:ES:APAB:2014:647** dictada por la sala de la Audiencia Provincial de Albacete. En ella, la sala desestima el recurso de apelación interpuesto contra la sentencia dictada por el juzgado de instancia mediante la que se recoge la obligación del comunero de permitir la entrada en su vivienda.

Tras el análisis de la práctica de la prueba, y llegando la sala a las mismas conclusiones que el juzgador a quo, entendiendo, por un lado, que *«parece de toda lógica que el examen del origen de esas humedades se realice desde ese sumidero* y terraza a los que solo se tiene acceso a través de su vivienda»* y, de otro que «(...) esta es la forma menos invasiva y destructiva de localizar la avería, a la vez que la menos costosa...»,* recoge la sala la obligación del propietario de permitir el acceso a su vivienda para dichas comprobaciones bajo el amparo legal del artículo 9.1.d) de la Ley de Propiedad Horizontal:

> «(...) esta obligación del propietario de permitir el acceso a su vivienda para tales menesteres encuentra correcto amparo legal en el invocado art. 9.1.d) de la Ley de Propiedad Horizontal , que obliga a cada propietario del edificio

a permitir la entrada a su piso o local, entre otras razones, para llevar a cabo las reparaciones que exija el servicio del inmueble. Como dice la Sentencia del Tribunal Supremo de 28 de octubre de 2.005 ‹...en el fondo, cada propietario tiene una o varias servidumbres, como predio sirviente, en relación a la Comunidad, predio dominante, aunque en el régimen de la propiedad horizontal se han venido denominando como ‹relaciones de vecindad›; se trata de una interdependencia, que es la esencia del régimen de la propiedad horizontal, pues precisamente para cumplir su cometido los pisos y locales gozan de elementos privados y comunes, los primeros muchas veces sujetos a los comunes, y además, los últimos, que están instalados o pasan por espacios privativos; en definitiva, su existencia es una realidad y deben ser admitidos y respetados por todos los comuneros››.

Resuelto lo anterior, cabría preguntarse qué ocurriría en aquellos supuestos en los que, no existiendo impedimento alguno por parte del propietario de la vivienda al que la comunidad de propietarios requiriese la entrada en la misma para la realización de comprobaciones u obras, **fueran los titulares de un contrato de arrendamiento celebrado con el comunero propietario de la vivienda quienes se negaran a permitir la entrada en su vivienda** para la realización de comprobaciones u obras. **¿Está facultado el arrendatario para negar el acceso a la vivienda?**

Tratándose de una obligación derivada del artículo nueve de la Ley de Propiedad Horizontal, sus destinatarios naturales son el comunero o el copropietario, es decir, aquella persona que se encuentra vinculado con la propia comunidad de propietarios por relaciones propias de la Ley de Propiedad Horizontal, y en este sentido, los arrendatarios no tienen la condición de comuneros, no son propietarios de la vivienda como sino tan solo son arrendatarios, de lo que se deriva que **no teniendo dicha condición, y siendo el caso de que la propietaria no ha puesto ningún reparo a la solicitud de entrada, no cabe que los arrendatarios pretendan oponerse a la misma,** con independencia de que en el caso de que considerase que se le ha privado de parte del uso del objeto arrendado pueda reclamar lo que corresponda frente al arrendador (**SAP de Madrid, n.º 224/2020, de 14 de julio. ECLI:ES:APM:2020:7324**).

Caso práctico | ¿Puede el arrendatario demandar a la comunidad de propietarios por el mantenimiento de los elementos comunes?

PLANTEAMIENTO

La empresa «X» desarrolla su actividad en un local arrendado en el que comienzan a aparecer humedades que generan daños en una de las habitaciones del local, concretamente en la sala destinada al archivo.

A petición de «X» se procede al peritaje de los daños ocasionados con motivo de la humedad, tras lo cual, la empresa remite un burofax a la comunidad de propietarios reclamando una indemnización por los daños y la impermeabilización de la terraza, al ser este el elemento causa y origen de la humedad.

Ante la falta de contestación por parte de la comunidad, la empresa «X», como inquilina, ejercita la acción prevista en el art. 1902 del Código Civil, en reclamación de los daños causados por la comunidad de propietarios como consecuencia del defectuoso cumplimiento de la obligación contenida en el artículo 10 de la LPH, respecto al mantenimiento de los elementos comunes, en concreto, la cubierta del edificio.

La comunidad de propietarios se opone a la demanda alegando la falta de legitimación activa de empresa «X» y la prescripción de la acción. ¿Serán acogidas por el juez dichas excepciones?

RESPUESTA

Respecto de la cuestión de si la empresa, como arrendataria, tiene legitimación activa, la STS n.º 45/2017, de 25 de enero, ECLI:ES:TS:2017:165, confirma la respuesta dada en la instancia, al considerar que el inquilino está legitimado para el ejercicio de la acción contemplada en el art. 10.1 de la LPH.

A distinta conclusión llega en cuanto a la prescripción, señalando, al contrario que la sentencia de referencia, que la acción no está prescrita por aplicársele el plazo de prescripción de quince años:

> «Argumenta la parte recurrente que la sentencia recurrida aplica el plazo de un año previsto para el artículo 1902 del Código Civil, atribuyendo a la acción ejercitada naturaleza de responsabilidad aquiliana cuando la acción ejercitada, la contemplada en el artículo 10 de la LPH , no tiene tal condición, siendo su naturaleza de responsabilidad comunitaria y derivada del régimen legal de la propiedad horizontal y en la medida que se trata de una acción personal y no se establece un plazo específico para ella el mismo vendrá determinado por el artículo 1964 del Código Civil , esto es, de quince años, plazo que en ningún caso ha transcurrido».

Caso práctico | ¿Debe la comunidad de propietarios indemnizar al arrendador si el arrendamiento se extingue por causa de defectos en los elementos comunes?

PLANTEAMIENTO

«A» es propietario de una vivienda que tiene arrendada a «B». Tras unos meses en la vivienda, «B» le comunica a «A» que debido a la existencia de humedades y la presencia de moho, quiere rescindir el contrato de arrendamiento, lo que finamente tiene lugar.

Para averiguar el origen de las humedades que sufre la vivienda, «A» contrata a un perito, que tras las actuaciones pertinentes, concluye que la causa de la humedades es mal estado de la fachada del edificio, motivo por el cual interpone una demanda contra la comunidad de propietarios por ser la fachada un elemento común.

1. ¿Tiene derecho «A» a una indemnización de daños y perjuicios por lucro cesante, a cargo de la comunidad?

2. ¿Cómo se valorará el lucro cesante?

RESPUESTA

1. Sí. Así se desprende de lo establecido a través del art. 1106 del Código Civil, conforme al cual:

> «La indemnización de daños y perjuicios **comprende, no sólo el valor de la pérdida que haya sufrido, sino también el de la ganancia que haya dejado de obtener el acreedor,** salvas las disposiciones contenidas en los artículos siguientes».

Al respecto, la SAP de Segovia n.º 48/2011, de 11 de marzo, ECLI:ES:APSG:2011:70, ha declarado que:

> «En cuanto al primer motivo de recurso, la parte actora reclamaba como indemnización por lucro cesante la cantidad que habría dejado de percibir a consecuencia de la resolución del contrato de arrendamiento suscrito con las inquilinas. Dicho contrato era de un año y éstas habían ocupado el piso tres meses cuando se fueron, por lo que se reclaman las rentas dejadas de percibir de los nueve meses restantes, 4.500 €, a razón de 500 € al mes. La juez reinstancia desestima esta pretensión al considerar que no se ha probado que la vivienda fuese inhabitable, y que pese a la declaración de una de las inquilinas en el acuerdo de resolución no se hizo constar causa alguna.
>
> La Sala discrepa de esta valoración de al juez de instancia. Es cierto que el art. 21 LAU establece al obligación del arrendador de mantener el inmueble alquilado en condiciones de habitabilidad y que la no realización de las obras otorgan la arrendatario el derecho de extinguir el contrato (art. 27.3.a) LAU), como también lo es que la inhabitabilidad de la vivienda derivada de obras or-denadas por la autoridad da opción al arrendatario para suspender el contrato o resolverlo (art. 26 LAU). En ambos casos se habla de inhabitabilidad de la vivienda, y este extremo no se ha acreditado de forma completa.
>
> Ahora bien, en este momento no estamos estudiando la procedencia o im-procedencia de la resolución contractual ni el responsable del incumplimiento.

La parte actora pone de relieve un hecho, y es que las **arrendatarias, a al vista de lamentable estado de la vivienda derivado de las humedades, decidieron que no podían seguir habitando esa casa y por ello desistieron del contrato. Por tanto para reclamar indemnización por lucro cesante al actor le bastará con probar que las inquilinas dejaron la vivienda por causa de las humedades imputadas a la Comunidad de Propietarios.** Y este extremo sí ha quedado acreditado. A juicio ha comparecido una de las inquilinas, de la que no existe motivo por el que dudar de su testimonio, y más allá de toda duda interpretativa ha afirmado que se fueron porque no se podía vivir en una casa con tantas humedades. Inhabitable o no, tanto el testimonio de esta testigo como la pericial aportada por la actora ponen de relieve que esas humedades iban mucho más allá de lo que pueden considerarse unas humedades normales de una vivienda sita en una planta baja y de construcción antigua. **Existía en al casa un fuerte olor a humedad y a moho, los muebles estaban mohosos en su parte trasera, se estropeaban los cuadros que se colocaban en la pared, y salía agua entre las baldosas de la cocina cuando se pisaba sobre ellas. En estas condiciones, desconocemos si técnicamente esta vivienda podrá ser declarada como inhabitable, pero desde luego lo que sí se puede afirmar es que es indigna para ser habitada por alguien que paga un alquiler por ella».**

2. La propia SAP de Segovia n.º 48/2011, responde a esta cuestión **limitando el lucro cesante al tiempo que la vivienda haya estado en obras y, por lo tanto, no haya podido ser objeto de utilización,** bajo la premisa de que no es seguro que el arrendatario permaneciera en la vivienda durante toda la duración del contrato y, porque una vez rematadas las obras, el arrendador tiene la opción de volver a alquilarlo.

«Lo dicho anteriormente hace que la sentencia deba revocarse en este punto y fijar una indemnización como lucro cesante. Sin embargo no se considera que por tal deba entenderse toda la que reclama la parte. **Es verdad que entre las partes existía un contrato, pero no es seguro que ese contrato se fuese a mantener y que las arrendatarias fuesen a permanecer todo el año pactado.** Como parece desprenderse tanto del plazo de arrendamiento como de las arrendatarias, no nos hallaríamos ante un arrendamiento para formar un domicilio familiar permanente sino una vivienda eventual, lo que hace que la expectativa del actor no sea tan firme como se pretende. **Por otra parte, una vez resuelto el contrato, el actor tiene la opción de volver a alquilar la vivienda.** Ante ello, se considera excesivo conceder como indemnización los nueve meses de rentas que dejaría de percibir.

Por contra, acreditadas las humedades y la responsabilidad de la Comunidad demandada por ellas, hay que entender que el tiempo que la casa haya estado en obras y que por lo tanto no haya podido ser objeto de utilización sí debe ser indemnizado. Ante ello, constando que la vivienda se puso nuevamente en alquiler a finales de abril (por un precio superior al pactado en su día), la demandada deberá indemnizar por los perjuicios causados a la parte actora en las mensualidades de enero a abril, cuatro meses de renta o lo que es lo mismo 2.000 €».

Caso práctico | Los vicios ruinógenos en una vivienda, ¿pueden dar lugar a la indemnización por daños morales?

PLANTEAMIENTO

Una cooperativa de veinte viviendas formula demanda en ejercicio de acción de responsabilidad por vicios ruinógenos, ya que en todas las viviendas las condiciones de habitabilidad son deficientes, con problemas de olores y humedades, tanto en las zonas comunes como en las privativas, además de inundaciones en los garajes. Si bien ninguno de los dueños de la cooperativa ha tenido que abandonar su casa como consecuencia de estos defectos, la cooperativa acciona reclamando responsabilidad por vicios ruinógenos e indemnización por daños morales para los propietarios de las veinte viviendas.

¿Tienen derecho a la indemnización por daños morales los propietarios de las viviendas?

RESPUESTA

Depende del supuesto. Con carácter general, el **Tribunal Supremo ha reconocido que el daño moral puede ser apreciado en la responsabilidad contractual, aunque no todo daño moral debe ser indemnizado** por el que lo causa, tanto en el ámbito contractual o extracontractual (**STS n.º 533/2000, de 31 de mayo, ECLI:ES:TS:2000:4430** y **STS n.º 125/2009 de 10 de marzo, ECLI:ES:TS:2009:1882**).

En el caso concreto que afecta a la cooperativa, la STS n.º 530/2011, de 15 de julio, ECLI:ES:TS:2011:4900, concluyó que no, bajo el siguiente razonamiento:

> «Los cooperativistas no se han visto privados del uso de sus viviendas, lo que posiblemente les hubiera generado un grave y evidente quebranto no solo patrimonial sino moral derivado de las molestias que resultan de la necesidad de buscar otra vivienda de forma temporal, como tampoco de ninguno de los elementos comunes afectados por la defectuosa construcción, que ya conocía la cooperativa antes incluso de recibir la obra, al margen del estado de ánimo que cualquier infracción puede producir a una persona, pero que no constituye en sí mismo un daño de entidad suficiente susceptible de indemnización independiente de los daños materiales. Tampoco resulta aplicable la doctrina de la in re ipsa loquitu. El daño moral que se invoca debe ser demostrado y dicha regla no puede ser aplicable a todo incumplimiento, sino solamente a aquel que evidencia por sí mismo la existencia de un menoscabo de esta naturaleza desligado de la esfera económica, lo que no ocurre en principio en materia constructiva, de la que deriva como efecto natural la responsabilidad de la constructora por los defectos constructivos, no la existencia de daños morales, como así resulta en la actualidad de la Ley de Ordenación de la Edificación.
>
> Los vicios constructivos han podido ser reparados por la vía patrimonial, incluso la constructora ha dejado de abonar la última de las certificaciones, aminorando o neutralizando la posible zozobra de quienes al menos tuvieron la posibilidad de retener parte del pago de la obra, y el daño moral no tiene un carácter punitivo, como el que se imputa a los otros agentes, que no recurren la sentencia pero que han sido condenados solidariamente junto con la

constructora pese a no ser responsables del daño originado por una deficiente ejecución material que la propia cooperativa iba solucionando mediante los arreglos pertinentes».

A *sensu contrario*, el TS ha reconocido en diversas ocasiones que el daño moral se identifica con las consecuencias no patrimoniales representadas por el impacto o sufrimiento psíquico o espiritual que en algunas personas pueden producir ciertas conductas, actividades o incluso resultados, con independencia de la naturaleza patrimonial, o no, del bien, derecho o interés que ha sido infringido, y se indemniza junto al daño patrimonial. Al respecto, cabe mencionar las siguientes sentencias:

- STS n.º 862/2005, de 10 de noviembre, ECLI:ES:TS:2005:6862, en la que como consecuencia de los daños en la vivienda, una familia se ve obligada a perder las vacaciones familiares.
- STS n.º 217/2012, de 13 de abril, ECLI:ES:TS:2012:3065: en la que el TS mantiene la cantidad de la indemnización por daños morales a los propietarios de las viviendas, basándose en que si bien los defectos no impedían el disfrute de cada una de las viviendas, ni totalmente de las zonas comunes, sí impedían el de la zona ajardinada de la piscina, que en la sentencia se califica de importante, sobre todo en la temporada de verano.

Caso práctico | Filtraciones de humedad desde una terraza al piso del vecino

PLANTEAMIENTO

Un propietario de un piso se sirve y se adueña de la terraza del edificio, haciendo una puerta de acceso a la misma. Ahora, con el paso del tiempo, la impermeabilización de la terraza se resiente y filtra humedad al vecino de abajo. Este vecino le reclama que arregle la terraza pero el otro no accede. ¿Cómo se puede solucionar el conflicto?

RESPUESTA

Lo primero es dilucidar si esa terraza es un elemento común o tiene atribuido el uso exclusivo a un propietario, y para ello hay que atender al título constitutivo del mismo. El hecho de que se haya «adueñado» de la misma no convierte a la terraza en privativa, aunque haga uso de ella, y si consta en el título constitutivo como elemento común la reparación tendría que ser costeada por todos los propietarios.

En caso de que en el título se disponga que ese propietario puede hacer uso de ella aun siendo elemento común, el propietario estaría obligado a hacer un mantenimiento ordinario de la misma. Si las humedades se debiesen a un problema estructural del edificio, la comunidad se tendrá que hacer cargo. Cabe citar aquí la **sentencia de la Audiencia Provincial de Baleares n.° 301/2015, de 29 de diciembre, ECLI:ES:APIB:2015:2349**, que con relación a los elementos comunes de uso privativo dice que:

> «c) En términos generales, y salvo que en el título constitutivo se establezca otra cosa, **los gastos ordinarios y el mantenimiento del elemento común corresponde a quien tiene concedido su uso exclusivo, mientras que los gastos extraordinarios son a cargo de la comunidad** (Sentencias del Tribunal Supremo de 6 de noviembre de 1992 [1992, 9229] y 17 de febrero de 1993 [1993, 1239]). La Sentencia de 11 de octubre de 1993 declara nula la cláusula que impone sólo a los usuarios de una terraza común la obligación de pagar los gastos de reparación de! filtraciones de agua.
>
> d) El titular del derecho de uso exclusivo está **obligado a permitir el acceso a la comunidad para realizar reparaciones y tareas de mantenimiento y conservación** más allá de las que le corresponden como usuario (Sentencia de 17 de julio de 1993)».

Más recientemente, la **sentencia de la Audiencia Provincial de Baleares n.° 81/2022, de 22 de febrero, ECLI:ES:APIB:2022:170**, se pronuncia sobre el deber de mantenimiento del propietario que tiene atribuido el uso exclusivo de un elemento común en los siguientes términos:

> «(...) cuando el expresado deber de mantenimiento afecte a las instalaciones generales o a elementos comunes del edificio cuyo uso exclusivo corresponda un propietario individual, o que están incluidos en su piso o local, la obligación que éste tiene de respetarlos y cuidarlos no se extiende, en principio, a la realización de obras de conservación o reparación, salvo que su necesidad provenga de un uso inadecuado o poco diligente de los mismos susceptible de causar daños o desperfectos, según se desprende del art. 9.1 a) y g) de la LPH , sin que baste a tal efecto el simple deterioro producido por el paso del tiempo o por el uso normal dichos elementos o instalaciones. Además, las limitaciones y obligaciones sobre la utilización privativa de un elemento común

por el dueño del piso o vivienda al que está unido, con la finalidad de preservar su función estructural, no deben hacer recaer sobre el propietario las consecuencias derivadas de un uso del mismo conforme a su destino que no perjudiquen ni menoscaben su empleo como elemento común, debiendo en todo caso interpretarse restrictivamente las limitaciones y obligaciones impuestas en los estatutos a los propietarios individuales que tienen su disfrute exclusivo, especialmente cuando tales disposiciones no se ajusten a lo regulado imperativamente en los arts. 9.1 y 10.1 de la LPH , en los términos expuestos».

Caso práctico | Responsabilidad por goteras en el ático de un edificio

PLANTEAMIENTO

En un ático se producen goteras y la comunidad de propietarios alega que el dueño de la terraza donde se producen las filtraciones es el obligado a pagar las reparaciones ya que la terraza no se erige como un elemento común por destino, es de uso privado de su propietario. ¿Cómo se determina la responsabilidad en caso de tener goteras en un el ático de edificio?

RESPUESTA

La regla general es que la responsabilidad es de la comunidad de propietarios.

La terraza constituye la cubierta del edificio y como tal es un elemento común por lo que resulta de aplicación el art. 10.1.a) de la LPH que establece «Los trabajos y las obras que resulten necesarias para el adecuado mantenimiento y cumplimiento del deber de conservación del inmueble y de sus servicios e instalaciones comunes, incluyendo en todo caso, las necesarias para satisfacer los requisitos básicos de seguridad, habitabilidad y accesibilidad universal, así como las condiciones de ornato y cualesquiera otras derivadas de la imposición, por parte de la Administración, del deber legal de conservación». En este sentido se ha pronunciado el Tribunal Supremo en la **sentencia n.° 755/2015, de 30 de diciembre de 2015, ECLI:ES:TS:2015:5805:**

> «La Sala, en las sentencias que con acierto cita la parte recurrente (SSTS de 8 abril 2011 y 18 junio 2012) tiene declarado que: «Los edificios sometidos al régimen de propiedad horizontal se componen por elementos comunes y privativos. Dentro de los denominados elementos comunes, algunos tienen tal consideración por su propia naturaleza y otros por destino. La diferencia estriba en que los primeros no pueden quedar desafectados, por resultar imprescindibles para asegurar el uso y disfrute de los diferentes pisos o locales que configuran el edificio, mientras que los denominados elementos comunes por destino, a través del título constitutivo del edificio en régimen de propiedad horizontal, o por acuerdo unánime de la comunidad de propietarios, podrían ser objeto de desafectación. La Sala ha declarado que las **terrazas, son unos de los denominados elementos comunes por destino** y por tanto pueden ser objeto de desafectación, pero ello no significa que la parte de ellas que configura la cubierta y el forjado del edificio, que son elementos comunes por naturaleza, pueda convertirse en elemento de naturaleza privativa (STS de 8 de abril de 2011, RC 620/2007).»
>
> La cubierta del edificio (STS de 24 abril de 2013, Rc. 1883/2010) no puede perder su naturaleza de elemento común debido a la función que cumple en el ámbito de la propiedad horizontal, y ello pese a que la terraza situada en la última planta del edificio, se configure como privativa (SSTS de 17 de febrero de 1993 , 8 abril de 2011 , 18 de junio de 2012 , entre otras)».

La **sentencia del Tribunal Supremo, n.° 402/2012, de 18 de junio, ECLI:ES:TS:2012:5771** se refiere a la responsabilidad de la comunidad respecto a las filtraciones y señala:

> «(...) debe resaltarse que no todo elemento arquitectónico del edificio incluido dentro de lo que podemos entender como propiedad privada tiene esa misma condición; el art. 3.°. a) de la LPH dice que corresponde al dueño de cada piso «el derecho singular y exclusivo de propiedad sobre un espacio

suficientemente delimitado y susceptible de aprovechamiento independiente, con los elementos arquitectónicos e instalaciones de todas clases, aparentes o no, que están comprendidos dentro de sus límites y sirvan exclusivamente al propietario (...)», con exclusión por tanto de esa propiedad exclusiva de aquellos elementos arquitectónicos que sirvan a otros propietarios, que tengan funciones comunes dentro del inmueble; razón por la que, aun estando dentro de la vivienda o local privativos, no son de propiedad exclusiva los paramentos comunes o las instalaciones que dan servicio a otros pisos. Precisamente por esto, porque la propiedad exclusiva no se proyecta sobre aquellos elementos arquitectónicos que aun dentro del espacio privativo, no «sirvan exclusivamente al propietario», no cabe entender que la propiedad exclusiva de la terraza y su espacio suponga la del forjado mismo, que es un elemento común por naturaleza y que no se puede desafectar, ni de su impermeabilización, que por definición no sirve al propietario de la terraza, sino al piso inferior del que esta es cubierta, pues tiene una función de protección para lograr la estanqueidad del inmueble en ese punto. Y, en fin, nótese que por disposición expresa del art. 10 de la LPH , es la Comunidad de Propietarios la responsable del adecuado sostenimiento y conservación del inmueble y sus servicios, «de modo que reúna las debidas condiciones estructurales, de estanqueidad, habitabilidad y seguridad», puesto que es ella la obligada a realizar las obras necesarias para asegurar ese resultado. **Por consiguiente, tanto por la condición de elemento común que merecen aquellos elementos arquitectónicos que aseguran la estanqueidad del inmueble, aun estando en un elemento privativo, como por la obligación legalmente impuesta de realizar las obras necesarias en el inmueble para que reúna las debidas condiciones de estanqueidad, es la Comunidad de Propietarios la responsable de que la lluvia no produzca humedades en los distintos pisos y pisos y locales del edificio».**

Siguiendo esta línea jurisprudencial la **SAP de Málaga, n.º 88/2022, 25 de febrero, ECLI:ES:APMA:2022:1089** establece

«(...) Lo que no es posible es atribuir la propiedad exclusiva en favor de algún propietario, de las cubiertas de los edificios configurados en régimen de propiedad horizontal donde se sitúan las cámaras de aire, debajo del tejado y encima del techo, con objeto de aislar del frío y del calor y que resulta ser uno de los elementos esenciales de la comunidad de propietarios tal como los cimientos o la fachada del edificio por ser el elemento común que limita el edificio por la parte superior. La cubierta del edificio no puede perder su naturaleza de elemento común debido a la función que cumple en el ámbito de la propiedad horizontal, y ello pese a que la terraza situada en la última planta del edificio, se configure como privativa (SSTS 17 de febrero 1993 , (RJ 1993, 1239) 8 de abril de 2011; 18 de junio 2012 , entre otras). El hecho de que los daños que se causaron se deban al mal estado de la tela asfáltica, que asegura la impermeabilización del edificio, y que esta se encuentre situada bajo el suelo de la terraza que sirve de cubierta del edificio, determina su naturaleza común al ser uno de los elementos esenciales de la comunidad de propietarios, por lo que su reparación constituye una obligación propia»».

Caso práctico | Reclamación por filtraciones en comunidad de propietarios

PLANTEAMIENTO

La pertenencia a una comunidad de propietarios conlleva necesariamente una convivencia que origina habitualmente diversidad de conflictos. En este caso realizaremos un análisis jurisprudencial de las respuestas que han ido dando nuestros tribunales a las discrepancias más comunes que suelen surgir entre la comunidad de propietarios y alguno de sus componentes, como el caso de las filtraciones, humedades, etc., existentes en una comunidad de propietarios.

RESPUESTA

La comunidad de propietarios tiene la obligación de llevar a cabo todos aquellos trabajos y obras que resulten necesarios para el adecuado mantenimiento y conservación del inmueble, de entre las que se recogen, en todo caso, las necesarias para satisfacer los requisitos básicos de, en lo que aquí nos concierne, habitabilidad (dentro de los que se encuadran la problemática derivada por las humedades existentes en el edificio). De encontrarnos ante tales circunstancias, es obligación de la comunidad tanto la reparación de las deficiencias como el resarcimiento de los daños producidos por la falta de conservación del inmueble.

En estos supuestos partimos de que el daño ocasionado por la humedad existente en la vivienda o local del comunero debe traer causa de la mala conservación o estado de un elemento común.

Se suscitan muchas dudas cuando el origen de las filtraciones se encuentra en bajantes o tuberías. En estos casos los tribunales vienen considerando que la conducción será considerada elemento común aun cuando puedan discurrir, en parte, por espacios privativos. Así, únicamente tendrán la consideración de privativas las cañerías que salgan de la red general del edificio para dar servicio a la vivienda o local, teniendo carácter de elemento común el resto de las conducciones pese a discurrir por espacio privativo.

Criterio para la consideración de la bajante como privativa o comunitaria

Sentencia de la Audiencia Provincial de Valencia n.º 368/2011, de 20 de junio, ECLI:ES:APV:2011:3181

a. Antecedentes de hecho

Se interpone recurso de apelación contra la sentencia de instancia que desestimaba la demanda presentada por la compañía de seguros contra un propietario, por los daños producidos por una fuga de agua.

b. Fundamentos de derecho

Entiende la recurrente que la consideración de la sentencia apelada conforme a la cual la rotura causante de los daños se produce en una tubería que tiene carácter comunitario y no privativo es errónea, ya que al dar servicio exclusivamente a la vivienda propiedad del demandado debe presumirse su carácter privativo, aunque transcurra algún tramo por elementos comunes.

Considera la sala que:

> «(...) Como es sabido, el 396 del CC establece que serán comunes las instalaciones, conducciones y canalizaciones para el desagüe y para el suministro de agua, gas o electricidad, incluso las de aprovechamiento de

energía solar; las de agua caliente sanitaria, calefacción, aire acondicionado, ventilación o evacuación de humos, todas ellas hasta la entrada al espacio privativo. Así, -en atención a lo establecido en el art. 3 letra A de la LPH - esta última expresión «espacio privativo», debe ser entendida como equivalente a la esfera de exclusividad o de plena disponibilidad del propietario del inmueble al que le sirve, con exclusión del resto, lo que evidentemente no ocurre hasta que el agua supera el límite de la llave de paso que le da entrada a su vivienda. Hasta ese punto carece de dominio o del más mínimo derecho sobre el agua que pudiere discurrir por las diferentes conducciones o tuberías. Sirvan de apoyo a esta tesis entre otras, las Sentencias de la Sección 13ª de la AP de Madrid de 17 de julio de 2.007 ; la de la Sección 4ª de la AP de Granada de 21 de marzo de 2.001 ; la de la Sección 3ª de la AP de Castellón de 18 de febrero de 2.009, o la de la Sección 6ª de la AP de Valencia de 1 de marzo de 2.002. No se estima por tanto que los tramos hasta las llaves de paso sirvan exclusivamente al propietario hasta cuyas canalizaciones privativas se dirige el agua sino que se integran la red general de la Comunidad acondicionada para hacer llegar el agua a cada uno de los pisos o locales. Por tanto ha de concluirse de todo ello que **una tubería solo merece la consideración de elemento privativo y hace surgir la responsabilidad del propietario por su mantenimiento y adecuada conservación, cuando entra dentro del poder de disposición y utilización del titular de la vivienda.** La obligación de mantener en buen estado la instalación o conducción del agua solo surgirá pues, conforme a lo dispuesto en el artículo 9.1.b de la Ley de Propiedad Horizontal , a partir de la llave de paso a la vivienda, susceptible de ser manejada por el propietario o, en su defecto, desde el contador. Antes de ese punto no hay obligación de mantener la instalación (...)».

c. Resolución

Se desestima el recurso de apelación, confirmándose íntegramente la sentencia recurrida con expresa imposición de costas.

Conducción que es elemento común pese a discurrir por espacio privativo

Sentencia de la Audiencia Provincial de Tenerife n.º 587/2011, de 1 de diciembre, ECLI:ES:APTF:2011:2733

a. Antecedentes de hecho

Se interpone recurso de apelación contra la sentencia de primera instancia que condenaba al ahora recurrente a abonar una indemnización en concepto de valor de la reparación de los daños sufridos en la vivienda de la actora, así como a efectuar las reparaciones necesarias para evitar la continuidad de los daños.

b. Fundamentos de derecho

El demandado discrepa del origen de las filtraciones que considera que se encuentran en un elemento común, alegando que «(...) *la bajante no es más que una parte de la red general de desagüe del edificio, que por necesidad de conectar con la bajante general se introduce en la propiedad del demandado, pero no le da ningún servicio».*

Concluye la sala que:

> « (...) pues no cabe solo atender a la ubicación de la bajante para calificarla de común o privativa, sino que **ha de examinarse también el servicio o la finalidad de dicha bajante,** que como afirma el perito recoge agua de lluvia, no procedente de instalaciones del local, de donde resulta que atendiendo a que dicha bajante recoge

el agua de lluvia, procedente de un elemento común, que es la rampa y con destino al bajante general, cuya función es canalizar el agua de lluvia, ha de calificarse como elemento común del edificio al servicio no del local, sino de todo el edificio, que se ubica en elemento privativo, para poder conectar con la bajante general».

c. Resolución

Se estima el recurso de apelación interpuesto, desestimando la demanda y absolviendo al propietario recurrente de los pedimentos que se incluían en la misma.

Plazo de prescripción de la acción de reclamación por filtraciones contra comunidad de propietarios

Sentencia del Tribunal Supremo n.º 491/2018, de 14 de septiembre de 2018, ECLI:ES:TS:2018:3102

a. Antecedentes de hecho

Se interpone recurso de casación por interés casacional por el propietario afectado contra la sentencia de la Audiencia Provincial de Sevilla que estimaba el recurso de la comunidad de propietarios y consideraba que la responsabilidad por daños causados por falta de conservación y mantenimiento del edificio está sujeta al plazo de un año establecido con carácter general para las acciones de responsabilidad extracontractual.

b. Fundamentos de derecho

La cuestión que se plantea es si la reparación de los daños causados por el incumplimiento del deber de conservación impuesto por el art. 10 de la LPH, está sujeta al plazo de prescripción de un año, al considerar que se trata de un supuesto de responsabilidad extracontractual, o al plazo general que corresponde a las acciones personales sin plazo especial de prescripción, regulado en el artículo 1964 del Código Civil, que actualmente es de 5 años. Tras analizar distintas sentencias sobre este tema concluye la sala que:

> «TERCERO.-Para resolver la cuestión controvertida es necesario tener en cuenta que la acción de reclamación de indemnización de daños y perjuicios causados parte de la afirmación, no discutida, de que los daños y perjuicios que se dicen producidos nacen precisamente del incumplimiento de una obligación legal que a las comunidades de propietarios impone el artículo 10 de la Ley de Propiedad Horizontal en el sentido de llevar a cabo las obras que resulten necesarias para el mantenimiento y conservación de los elementos comunes, de modo que no causen daño alguno a otros bienes comunes o a los privativos. Se trata de una obligación legal, en el sentido a que se refiere el artículo 1089 del Código Civil , que no resulta asimilable a las derivadas de actos u omisiones ilícitas, que comprenden un ámbito distinto y a las que resulta de aplicación el plazo de prescripción anual del artículo 1968-2.º. No cabe disociar el plazo de prescripción para exigir el cumplimiento de las obligaciones legales del correspondiente a la acción para exigir las consecuencias dañosas de dicho incumplimiento, por lo que no puede ser compartida la posición sostenida al respecto por la sentencia impugnada que, en consecuencia, habrá de ser casada puesto que la **acción de reclamación de daños y perjuicios ejercitada no está prescrita al ser aplicable el plazo de cinco años, según la redacción del artículo 1964 del Código Civil que resulta aplicable**».

c. Resolución

Se estima el recurso interpuesto, casando la sentencia recurrida y dejándola sin efecto, devolviendo las actuaciones al tribunal de apelación para que, desestimada la excepción de prescripción, dicte nueva sentencia pronunciándose sobre las pretensiones formuladas.

ANEXO II.
FORMULARIOS

Escrito por el que se notifica al administrador de la comunidad la existencia de humedades en vivienda o local con origen en elemento común

D./D.ª [NOMBRE PROPIETARIO]

[DOMICILIO]

Telf. [NÚMERO]

[FAX/CORREO ELECTRÓNICO/OTRO]

A/A **D./D.ª** [NOMBRE_ADMINISTRADOR_COMUNIDAD]

[DIRECCIÓN_ADMINISTRADOR]

Muy Sr./Sra. mío/a:

Mediante la presente, y en su condición de (1) administrador de la comunidad de propietarios del edificio [ESPECIFICAR], de la cual soy propietario/a de la vivienda/local [ESPECIFICAR], le remito la presente a los efectos de indicarle que:

1.- En fecha [FECHA] comenzaron a manifestarse en mi propiedad humedades en la zona [DESCRIPCIÓN]. Puesta en contacto esta parte con su propio seguro en fecha [FECHA], acudió el perito de la compañía D./D.ª [NOMBRE_PERITO], el/la cual indicó que las mismas se estaban produciendo como consecuencia de [ESPECIFICAR].

Adjunto informe del perito **D./D.ª** [NOMBRE_PERITO].

2.- A la vista del informe que se adjunta resulta claro que las humedades producidas en mi propiedad tienen causa en elementos e instalaciones de carácter comunitario, sobre los cuales corresponde a la comunidad de propietarios su mantenimiento y conservación (artículo 10 de la Ley de Propiedad Horizontal), **sirva la presente de requerimiento para que proceda de inmediato a la reparación de los daños sufridos en mi propiedad así como a realizar las obras necesarias para el adecuado sostenimiento y conservación del inmueble a fin de evitar nuevos daños,** quedando a su disposición para que puedan comprobar, personalmente o por medio de perito que se designe al efecto, los daños referidos.

3.- A estos efectos advertimos que, de conformidad con lo dispuesto en el artículo 20 de la Ley de Propiedad Horizontal, corresponde al administrador, entre otras obligaciones y en lo que aquí nos concierne «Atender a la conservación y entretenimiento de la casa, **disponiendo las reparaciones y medidas que resulten urgentes, dando inmediata cuenta de ellas al presidente** o, en su caso, a los propietarios».

Asimismo, reiteramos que pesa sobre la comunidad, de conformidad con lo previsto en el artículo 10.1 de la Ley de Propiedad Horizontal, la reparación de este tipo de daños, pudiéndosele imputar a la misma todos perjuicios que a consecuencia de su inacción sigan ocasionándose a esta parte.

Sin otro particular, reciba un cordial saludo.

En [LOCALIDAD], a [DÍA] de [MES] de [AÑO].

Fdo. [NOMBRE Y FIRMA PROPIETARIO]

(1) En caso de que la comunidad de propietarios a la que dirigimos la misiva no cuente con un administrador de fincas, diríjase la presente al presidente de la comunidad.

Demanda por daños contra comunidad de propietarios. (Humedades)

AL JUZGADO DE PRIMERA INSTANCIA DE [LOCALIDAD]

D./D.ª [NOMBRE PROCURADOR CLIENTE], procurador/a de los tribunales, en nombre y representación de **D./D.ª** [NOMBRE CLIENTE], con DNI n.º [NÚMERO] y domicilio en [DOMICILIO CLIENTE], representación que acredito mediante poder [NOTARIAL/APUD_ACTA], copia del cual acompaño como **documento número** [NÚMERO], bajo la dirección letrada de D./D.ª [NOMBRE_ABOGADO_CLIENTE], colegiado número [NÚMERO] por el ICA de [LUGAR] ante el juzgado comparezco y, como mejor proceda en derecho,

DIGO

Que por medio del presente escrito formulo **DEMANDA DE RECLAMACIÓN DE CANTIDAD Y OBLIGACIÓN DE HACER (1)** en reclamación de daños y perjuicios **contra la comunidad de propietarios de** [DESCRIPCIÓN] con dirección en [DESCRIPCIÓN], a concretar en la persona de su presidente [NOMBRE] con domicilio en [DESCRIPCIÓN] y número de NIF/CIF [NÚMERO] **(2)**.

Y ello con base en los siguientes,

HECHOS

PRIMERO.- Mi mandante es propietario del inmueble [DESCRIPCIÓN], perteneciente a la comunidad de propietarios que se demanda mediante la presente.

Se acompaña como **documento número** [NÚMERO] y [NÚMERO] nota simple registral de la vivienda/local y título constitutivo del inmueble donde radica aquella/aquel.

SEGUNDO.- En fecha [FECHA], la vivienda de mi mandante se comenzó a llenar de humedades y, toda vez que las mismas comenzaron a empeorar, se procedió a llamar a su propio seguro, acudiendo el perito [NOMBRE], el cual le indicó que las mismas se estaban produciendo a causa de [ESPECIFICAR], aspecto este de obligada subsanación por parte de la comunidad demandada, culpable de la producción de las humedades referidas.

Acompañamos como **documento número** [NÚMERO] informe del perito D./D.ª [NOMBRE_PERITO] en el que se pueden observar las humedades producidas, así como la causa de las mismas y, por ende, la responsabilidad de la demandada.

TERCERO.- Mi mandante, tanto verbal y telefónicamente, como en reuniones con la presidencia de la comunidad, avisó de esta circunstancia, si bien, y pese a indicar la presidencia que se iban a tomar medidas, nada se hizo, por lo que mi mandante, mediante burofax con contenido certificado (el cual se acompaña como **documento número** [NÚMERO]) efectuó comunicación fehaciente a la comunidad, en aras de proteger sus derechos, temiendo tener que llegar a la presente vía judicial.

Vía judicial a la que se le obliga ante la dejadez por parte de la comunidad requerida de hacer frente al problema raíz que estaba produciendo humedades y menoscabando la vivienda de la hoy actora.

CUARTO.- Los daños causados han sido reparados, si bien el problema raíz de los mismos sigue sin resolverse, por lo que, mediante la presente, se interesa la devolución de la cuantía reparativa, así como la realización de las obras necesarias para paliar las deficiencias causantes de las humedades y que, conforme se desprende del informe pericial adjunto, consistiría en [DESCRIPCIÓN].

(Se adjunta factura de las reparaciones efectuadas como **documento número** [NÚMERO]).

A los anteriores hechos le son de aplicación los siguientes,

FUNDAMENTOS DE DERECHO

I.- JURISDICCIÓN Y COMPETENCIA

Conforme dispone el **artículo 9.2 de la Ley Orgánica del Poder Judicial (LOPJ),** los tribunales y juzgados del orden civil conocerán, además de las materias que le son propias, de todas aquellas que no le estén atribuidas a otro orden jurisdiccional.

Asimismo, corresponde a los juzgados de primera instancia el conocimiento, en primera instancia, de todos los asuntos civiles que por disposición legal expresa no se hallen atribuidos a otros tribunales, según disponen los artículos 85.1 de la Ley Orgánica del Poder Judicial y 45 de la Ley de Enjuiciamiento Civil.

Territorialmente es competente el juzgado al que nos dirigimos tal y como expone el art. 52.1.8.° de la LEC.

II.- CAPACIDAD Y LEGITIMACIÓN

Ambas partes poseen capacidad y legitimación suficiente para ser parte en el presente procedimiento, de conformidad con lo dispuesto en la LEC, en sus arts. 6, 10 y concordantes.

III.- POSTULACIÓN Y DEFENSA (3)

El/la actor/a se encuentra representado/a por procurador/a habilitado/a para actuar, quedando acreditado con poder [GENERAL_PARA_PLEITOS/APUD_ACTA] como documento n.° [NÚMERO] de la demanda, siendo redactada y firmada por abogado/a todo ello conforme disponen los **artículos 23 y 31 de la LEC.**

IV.- PROCEDIMIENTO

Toda vez que, mediante la presente demanda, esta parte reclama **tanto el pago de una cantidad indemnizatoria como el cumplimiento de una obligación de hacer,** este pleito habrá de dirimirse por los cauces del juicio **ordinario** *ex* art. 249.1.8.° (4):

> «1. Se decidirán en el juicio ordinario, cualquiera que sea su cuantía: (...) 8.° Cuando se ejerciten las acciones que otorga a las Juntas de Propietarios y a éstos la Ley 49/1960, de 21 de julio, sobre propiedad horizontal, siempre que no versen exclusivamente sobre reclamaciones de cantidad, en cuyo caso se tramitarán por las reglas del juicio verbal o por el procedimiento especial que corresponda».

V.- CUANTÍA (5)

[DESCRIPCIÓN]

VI.- FONDO DEL ASUNTO

Son aplicables los **artículos 10 de la Ley de Propiedad Horizontal,** y arts. 1089 y **1098 del Código Civil,** así como los concordantes.

Dispone el **art. 1089 del Código Civil** que: «Las obligaciones nacen de la ley, de los contratos y cuasi contratos, y de los actos y omisiones ilícitos o en que intervenga cualquier género de culpa o negligencia».

El **art. 1098** expone que:

> «Si el obligado a hacer alguna cosa no la hiciere, se mandará ejecutar a su costa.
> Esto mismo se observará si la hiciere contraviniendo al tenor de la obligación. Además podrá decretarse que se deshaga lo mal hecho».

Es por tanto obligación de la comunidad tanto la reparación de las deficiencias, como el resarcimiento a mi mandante de los daños producidos por la falta de conservación del inmueble.

Como indicamos, de aplicación lo dispuesto en la Ley de Propiedad Horizontal, artículos 10 y concordantes, y al respecto lo que la jurisprudencia viene indicando, a título de ejemplo la **sentencia de la Audiencia Provincial de Alicante n.º 534/2011, de 24 de noviembre, ECLI:ES:APA:2011:3996:**

> «No deben admitirse la impugnación que realiza la Comunidad demandada, pues el muro es un elemento que pertenece a la Comunidad de Propietarios que, tiene obligación de mantenerlo en buen estado de conservación para que no ocasione daños a terceros como ha ocurrido en el presente caso, por ello y si bien ha quedado acreditado la mala ejecución del muro de escollera y las deficientes reparaciones realizadas en el mismo, es la Comunidad demandada la que deberá en su caso repetir contra la empresa que ha efectuado las reparaciones en el mismo, pues la obligación de la comunidad demandada conforme al artículo 10 de la ley de propiedad horizontal es realizar las obras necesarias para el adecuado sostenimiento y conservación del inmueble y de sus servicios de modo que reúna las debidas condiciones estructurales de estanqueidad, habitabilidad y seguridad. Cuando además la parte actora no tiene acción para exigir responsabilidad a los profesionales que intervinieron en la construcción y reparación del muro, siendo esta acción ejercitable por la parte demandada que es la que podrá reclamar a los distintos agentes que intervinieron en la construcción del muro causante de los daños en las propiedad de los actores».

Respecto a la responsabilidad de la comunidad de propietarios por el fallo de un elemento común se pronuncia de forma expresa la **sentencia de la Audiencia Provincial de Cantabria n.º 47/2020, de 20 de enero, ECLI:ES:APS:2020:36:**

> «2. El art. 396 CC reconoce como elementos comunes de la edificación, entre otros, los «elementos estructurales y entre ellos los pilares, vigas, forjados y muros de carga; las fachadas, con los revestimientos exteriores de terrazas, balcones y ventanas, incluyendo su imagen o configuración, los elementos de cierre que las conforman y sus revestimientos exteriores».
> 3. Si, en consecuencia, el origen del daño se encuentra en la inexistencia o en la existencia deformada o inútil de la debida impermeabilización de una terraza que supone al tiempo la cubierta de la inferior y cuyo suelo es prolongación de forjado general, no puede existir duda de su carácter común como elemento general de la comunidad al ser un elemento arquitectónico que no sirve en exclusiva al propietario de la vivienda contigua (art. 3 LPH).
> 4. En consecuencia, la falta de una debida impermeabilización de la terraza superior ha sido la fuente próxima de causación del daño, al perder la que pudiera en su día existir su elemental funcionalidad. Y es a la comunidad de propietarios, de acuerdo al art. 10.1 LPH y no al propietario individual, al que le corresponde la realización de las obras de reparación de la infraestructura por ser un elemento común por naturaleza. La omisión de la diligencia debida en procurar su reparación es el título de imputación que permite declarar ahora su responsabilidad».

Importante es la mención de la **sentencia del Tribunal Supremo n.º 491/2018, de 14 de septiembre, ECLI:ES:TS:2018:3102**:

> «Se trata de una obligación legal, en el sentido a que se refiere el artículo 1089 del Código Civil , que no resulta asimilable a las derivadas de actos u omisiones ilícitas, que comprenden un ámbito distinto y a las que resulta de aplicación el plazo de prescripción anual del artículo 1968-2.º. No cabe disociar el plazo de prescripción para exigir el cumplimiento de las obligaciones legales del correspondiente a la acción para exigir las consecuencias dañosas de dicho incumplimiento, por lo que no puede ser compartida la posición sostenida al respecto por la sentencia impugnada que, en consecuencia, habrá de ser casada puesto que **la acción de reclamación de daños y perjuicios ejercitada no está prescrita al ser aplicable el plazo de cinco años, según la redacción del artículo 1964 del Código Civil que resulta aplicable**».

VII.- IURA NOVIT CURIA

En todo lo no invocado resulta de aplicación el principio *iura novit curia*, plasmado en el párrafo segundo del punto primero del **artículo 218 de la LEC**, en virtud del cual serán aplicables las demás normas que sean de pertinente, especial o general aplicación, y que el juzgador podrá tener en cuenta de oficio sin necesidad de que hayan sido previamente alegadas o invocadas por alguna de las partes intervinientes.

VIII.- COSTAS

Conforme al **artículo 394 de la LEC**, le corresponderán a la parte demandada.

Por lo expuesto,

SUPLICO AL JUZGADO:

Tenga por presentado este escrito, junto con sus documentos, los admita y tenga por formulada **DEMANDA DE RECLAMACIÓN DE CANTIDAD Y OBLIGACIÓN DE HACER**, por la que se condene al demandado a que abone a mi mandante la cuantía de [CANTIDAD_EN_LETRA] euros ([CANTIDAD_EN_NÚMERO] €) y a ejecutar a su cargo [DESCRIPCIÓN] con todo lo demás que proceda en derecho.

Todo ello con expresa imposición en costas a la adversa.

Por ser justicia que pido en [LOCALIDAD], a [DÍA] de [MES] de [AÑO].

Ldo. [NOMBRE Y FIRMA LETRADO]

Proc. [NOMBRE Y FIRMA PROCURADOR]

OTROSÍ DIGO: siendo intención de esta parte cumplir con todos los requisitos legales, a tenor de lo previsto en el artículo 231 de la Ley de Enjuiciamiento Civil, se solicita se le diere traslado de cualquier defecto que adoleciere la presente demanda, para la inmediata subsanación de la misma.

En su virtud,

SUPLICO AL JUZGADO:

Que tenga por efectuada la anterior manifestación a los efectos oportunos

Por ser de justicia , fecha y lugar *ut supra*.

Ldo. [NOMBRE Y FIRMA LETRADO]
Proc. [NOMBRE Y FIRMA PROCURADOR]

---

(1) Procedimiento ordinario conforme a lo estipulado en el artículo 249.8 de la LEC, reformado por el RD-ley 6/2023, de 19 de diciembre, con entrada en vigor el 20/03/2024.
(2) Se presenta contra la comunidad, si bien, y si se ha solicitado o tenido conocimiento antes que los daños están cubiertos por el propio seguro de la comunidad, también se podría demandar a la compañía de seguros. Téngase en cuenta que, de perder el procedimiento con costas, las mismas serían en consideración con cada uno de los demandados.
(3) Tal y como refieren los preceptos indicados, si la reclamación no supera la cuantía de 2.000 euros, no sería preceptiva la intervención letrada y representación por procurador.
(4) El RD-ley 6/2023, de 19 de diciembre, modifica el artículo 249.1.8.º de la LEC, de modo que se someten a juicio ordinario, cualquiera que sea su cuantía: «(...) las acciones que otorga a las Juntas de Propietarios y a éstos la Ley 49/1960, de 21 de julio, sobre propiedad horizontal, siempre que no versen exclusivamente sobre reclamaciones de cantidad, en cuyo caso se tramitarán por las reglas del juicio verbal o por el procedimiento especial que corresponda». Por lo anterior, habrá de tenerse en cuenta que el RD-ley 6/2023, de 19 de diciembre, modifica también el art. 250.1 LEC, añadiéndole un ordinal 15.º por el que se someten a juicio verbal las demandas sobre propiedad horizontal que versen exclusivamente sobre reclamaciones de cantidad, sea cual fuere dicha cantidad.
Esta reforma entra en vigor el 20/03/2024. Hasta ese momento, los mencionados preceptos de la LEC siguen aplicándose de acuerdo con su redacción anterior.
(5) La cuantía se calculará de conformidad con lo dispuesto en el apartado segundo del artículo 252 de la Ley de Enjuiciamiento Civil, al calcular el valor de los daños y de las reparaciones a realizar.

Demanda de juicio ordinario contra comunidad de propietarios para reparación de elemento (tejado) común y reclamación de cantidad

AL JUZGADO DE PRIMERA INSTANCIA [JUZGADO]
QUE POR TURNO CORRESPONDA

D./D.ª[NOMBRE_PROCURADOR_CLIENTE] procurador/a de los tribunales, colegiado/a núm. [NÚMERO_COLEGIADO/A] en nombre y representación de **D./D.ª** [NOMBRE_CLIENTE], mayor de edad, con DNI/NIE núm. [NÚM. DOCUMENTO], con domicilio a efectos de notificación [DOMICILIO_CLIENTE], en virtud de poder [NOTARIAL/APUD ACTA] que acompaño como **documento número** [NÚMERO], bajo la dirección letrada de **D./D.ª** [NOMBRE_ABOGADO_CLIENTE], ante el juzgado comparezco y, como mejor proceda en derecho,

DIGO

Que por la representación que ostento, y siguiendo las instrucciones de mi mandante, formulo **demanda de juicio ordinario** para realización de obras urgentes en el edificio sito en [ESPECIFICAR] y la reclamación de cantidad por la realización de unas obras anteriores en el mismo contra la comunidad de propietarios [DESCRIBIR] con CIF [NÚMERO] domiciliada en [ESPECIFICAR], a citar en la figura de su presidente D./D.ª [NOMBRE PRESIDENTE COMUNIDAD], con domicilio en [DOMICILIO] y DNI núm. [NÚMERO], en base a los siguientes ,

HECHOS

PRIMERO. Mi mandante es propietario de la vivienda sita en [DESCRIBIR] integrante de la comunidad demandada.

Se acompaña como **documento número** [NÚMERO] y [NÚMERO] nota simple registral de la vivienda y título constitutivo del inmueble donde radica aquella.

SEGUNDO. En fecha [FECHA] se produjeron unos daños en el tejado del edificio, consecuencia de los que surgieron filtraciones en [DESCRIPCIÓN DE LA ZONA], de la vivienda propiedad de mi representado.

Que, consultado con experto al efecto, se determinó la urgente acometida en su reparación, puesto que el estado en que habían incidido en el inmueble produciría una más que gravosa repercusión en el resto del edifico, lo que podría llegar incluso a catalogarlo de estado ruinoso.

Adjunto informe pericial que indica los perjuicios que causaría la no reparación de los daños producidos como **documentos núm.** [NÚMERO].

TERCERO. Mi mandante, ante la pasividad de la comunidad, a la que le puso de manifiesto, por medio de notificación tanto a su presidente como a su secretario/administrador, de la urgencia de la reparación, procedió a la realización de la misma.

Adjuntamos **como documentos** [NÚMERO] a [NÚMERO] copia de los requerimientos a secretario y presidente, como notificaciones telemáticas [ESPECIFICAR] enviadas en el mismo momento de la producción de los hechos dañosos.

CUARTO. Que realizada la reparación y costeada por mi mandante, la misma presentó un coste de [CANTIDAD EN LETRA] euros ([CANTIDAD EN NÚMERO] euros), de los cuales, tal y como puede comprobarse en el desglose de los presupuestos y sus correspondientes facturas acreditativas del pago efectuado y que pasamos a aportar como documentos número [NÚMERO] y [NÚMERO], corresponden a la reparación del tejado la cantidad de [NÚMERO euros], y [NÚMERO euros] a la reparación de los daños ocasionados en la vivienda propiedad de nuestro representado como consecuencia del mal estado del elemento.

Dichos presupuestos, con su correspondiente factura, se presentaron al secretario de la comunidad para que procediese a su reembolso, si bien desde la fecha del primer requerimiento, se han negado al pago de los mismos.

Se adjunta como **documento número** [NÚMERO], burofax con contenido certificado con acuse de recibo que mi mandante remitió al secretario de la comunidad.

QUINTO. Pasado el tiempo desde la realización de esta reparación en el tejado del edificio por mi mandante y de los daños ocasionados por el mal estado del mismo en su vivienda, es necesario debido al estado de la cubierta que sigue estando en pésimas condiciones y muy deteriorado, la sustitución del tejado por otro nuevo que asegure el adecuado mantenimiento y conservación del inmueble, por lo que mi mandante, se ha visto obligado a solicitar la ejecución de las obras necesarias para su sustitución en beneficio de toda la comunidad, por tratarse de un elemento común, accionando así mismo la reclamación de las cantidades efectivamente por el satisfechas.

A los anteriores hechos, le son de aplicación los siguientes,

FUNDAMENTOS DE DERECHO

PRIMERO.- JURISDICCIÓN Y COMPETENCIA

Corresponderá a los juzgados de primera instancia, que por turno correspondan atendiendo al artículo 45.1 LEC, conocer del fondo del asunto.

Territorialmente es competente el juzgado al que nos dirigimos en virtud de lo establecido en el art. 52.1.8.º de la LEC, que establece que *«En los juicios en materia de propiedad horizontal, será competente el tribunal del lugar en que radique la finca».*

SEGUNDO.- CAPACIDAD Y LEGITIMACIÓN

Ambas partes se encuentran capacitadas y legitimadas en virtud de los artículos 6 y 10 de la LEC.

TERCERO.- POSTULACIÓN Y DEFENSA

Esta parte interviene con procurador/a (art. 23.1 de la LEC) y letrado/a (art. 31.1 de la LEC) debidamente habilitados por sus respectivos colegios profesionales.

CUARTO.- PROCEDIMIENTO

El presente procedimiento se tramitará conforme a las normas atinentes al juicio ordinario, artículos 399 a 436 de la Ley de Enjuiciamiento Civil. Se decidirán a través de los cauces del juicio ordinario recabado en el artículo 2491.8º de la LEC: *«Cuando se ejerciten las acciones que otorga a las Juntas de Propietarios y a éstos la Ley 49/1960, de 21 de julio, sobre propiedad horizontal, siempre que no versen exclusivamente sobre reclamaciones de cantidad, en cuyo caso se tramitarán por las reglas del juicio verbal o por el procedimiento especial que corresponda».* (1)

QUINTO.- CUANTÍA

La cuantía del presente procedimiento asciende a la cantidad de [CANTIDAD] euros, cumpliendo con lo previsto en los artículos 251 a 253 de la LEC.

SEXTO.- FONDO DEL ASUNTO

De aplicación lo dispuesto en la Ley de Propiedad Horizontal (LPH), así el art. 3.b) de la LPH, en cuanto a que se dispone que existe copropiedad en los elementos comunes, siendo, por lo tanto, competencia de la comunidad el funcionamiento de los mismos.

El art. 10.1 de la LPH, el cual establece como obligación primordial de toda Comunidad el mantener en funcionamiento de todos sus servicios, por cuanto se trata de un derecho que tiene todo comunero; el cual tiene como contraprestación a ello su obligación de satisfacer las cuotas de gastos correspondientes.

Art. 7.1 de la LPH que en su párrafo segundo indica: *«En el resto del inmueble no podrá realizar alteración alguna y si advirtiere la necesidad de reparaciones urgentes deberá comunicarlo sin dilación al administrador»*.

Resulta también de aplicación el artículo 395 del Código Civil que preceptúa que: *«Todo copropietario tendrá derecho para obligar a los partícipes a contribuir a los gastos de conservación de la cosa o derecho común. Sólo podrá eximirse de esta obligación el que renuncie a la parte que le pertenece en el dominio»*.

El artículo 9 de la LPH establece como obligaciones de cada propietario:

> «e) Contribuir, con arreglo a la cuota de participación fijada en el título o a lo especialmente establecido, a los gastos generales para el adecuado sostenimiento del inmueble, sus servicios, cargas y responsabilidades que no sean susceptibles de individualización.
>
> (...)
>
> f) Contribuir, con arreglo a su respectiva cuota de participación, a la dotación del fondo de reserva que existirá en la comunidad de propietarios para atender las obras de conservación, de reparación y de rehabilitación de la finca, así como la realización de las obras de accesibilidad recogidas en el la realización de las obras de accesibilidad recogidas en el artículo diez.1.b) de esta ley, así como la realización de las obras de accesibilidad y eficiencia energética recogidas en el artículo diecisiete.2 de esta ley»

El citado artículo 10 de la LPH señala además que: *«Tendrán carácter obligatorio y no requerirán de acuerdo previo de la Junta de propietarios, impliquen o no modificación del título constitutivo o de los estatutos, y vengan impuestas por las Administraciones Públicas o solicitadas a instancia de los propietarios, las siguientes actuaciones:*

a) Los trabajos y las obras que resulten necesarias para el adecuado mantenimiento y cumplimiento del deber de conservación del inmueble y de sus servicios e instalaciones comunes, incluyendo en todo caso, las necesarias para satisfacer los requisitos básicos de seguridad, habitabilidad y accesibilidad universal, así como las condiciones de ornato y cualesquiera otras derivadas de la imposición, por parte de la Administración, del deber legal de conservación.

(...)».

Sobre la **solicitud de reparación del tejado como elemento común del edificio y la reclamación del reembolso de cantidades a la comunidad de propietarios por haber sido sufragadas por mi mandante**, aportamos la siguiente jurisprudencia:

> **Sentencia del Tribunal Supremo n.º 545/2001, de 4 de junio, ECLI:ES:TS:2001:4685**
> «(...) en el régimen jurídico de comunidad de bienes los copartícipes tienen que contribuir, con arreglo al criterio de proporcionalidad, a cubrir las necesidades económicas de la cosa común, en virtud de la «obligatio propter rem» determinada en función de su titularidad sobre la cosa. Y así lo ha venido declarando reiteradamente esta Sala en aplicación de los arts. 393 y 395, entre cuyas resoluciones son indicativas las de 30 octubre 1907 (impuestos),

26 octubre 1929 y 30 marzo 1957 (importe y obras), 5 julio 1965 (obras de reparación y mejora), 8 abril 1958 y 12 marzo 1990 (obras y gastos de conservación); 20 octubre 1988 y 20 febrero 1997 (gastos generales de la comunidad); 25 septiembre 1993 y 15 octubre 1996 (gastos y deudas derivadas de la cosa en común) y 12 febrero 1998 (gastos y pagos realmente efectuadas en la reconstrucción de la finca en común). Y en absoluto es óbice a lo dicho que la mayor partida reclamada se configure como pérdidas pues en la misma se comprenden las inversiones y gastos realizadas en la cosa común, habida cuenta además que se trata de un negocio de restauración lo que supone una actividad continua de tráfico sujeta a las contingencias económicas propias de su especial naturaleza, lo que por lo demás debe entenderse sin perjuicio de que deban cumplirse las normas en materia de administración y rendición de cuentas que no constituye tema de debate».

Nuestro Alto Tribunal en relación con la obligación dispuesta en el artículo 10.1. a) de la LPH, establece como jurisprudencia en la sentencia del TS, n.º 16/2016, de 2 de febrero, ECLI:ES:TS:2016:329, que:

«Sólo procederá el reembolso por la Comunidad de Propietarios al comunero que haya ejecutado unilateralmente obras en zonas comunes cuando se haya requerido previamente al Secretario-Administrador o al Presidente advirtiéndoles de la urgencia y necesidad de aquéllas. En el caso de no mediar dicho requerimiento, la Comunidad quedará exonerada de la obligación de abonar el importe correspondiente a dicha ejecución. No quedará exonerada si la Comunidad muestra pasividad en las obras o reparaciones necesarias y urgentes».

En la **sentencia de la AP de Asturias, n.º 553/2018, de 21 de diciembre, ECLI:ES:APO:2018:3430**

«(...) la pericial de la demandada, mucho más motivada y precisa que la de la parte demandante hace deducir con claridad que **la obra es necesaria** y que, acometer una reparación completa de las fachadas y no meramente puntual como se pretende en la demanda contraviniendo además la voluntad de la junta con reiteración expresada no solucionaría el problema derivado de la antigüedad del edificio y de la ausencia de aislamiento térmico que causa las humedades. Es adecuada la cita que hace la parte en la contestación de la Ley 8/2013 para justificar la necesidad de la obra y prescindiendo de la eficiencia energética que la sentencia dice que se introdujo con posterioridad y extemporáneamente en el debate, ya que desde los deberes exigidos a la comunidad por el art. 10 de la LPH modificado por dicha Ley, y concretamente en cumplimiento del deber dinámico de mantenimiento que pesa sobre aquella, ya recogido incluso en su anterior redacción por la jurisprudencia (sentencia TS de 3 de enero de 2007) se halla el de acometer esta clase de obra, tendente a **garantizar la habitabilidad del inmueble** en el sentido que destaca el art 3- 1 de la LOE , precepto que toma como referencia nuestra legislación para evaluar el deber de mantenimiento y conservación los edificios a cargo de los propietarios en cuanto el artículo 3-1 LOE describe las condiciones básicas de la edificación (art 9 del texto refundido de la Ley del Suelo) y entre las de habitabilidad descritas destaca la obligación de garantizar la estanqueidad del edificio evitando humedades y filtraciones, de ahí que sentencias como la de la AP de Madrid de AP de Madrid de 26 de enero de 2012 condena, en aplicación del artículo 10 LPH, en un supuesto que guarda similitud con el de autos aunque el inmueble tenía menor antigüedad, a la comunidad de propietarios por incumplimiento de este deber legal a indemnizar los daños causados a una vivienda por filtraciones producidas debido a un inadecuado aislamiento de los muros de la edificación, al **estar**

obligada la demandada, razona la sentencia, **a ejecutar las reparaciones que garanticen la debida estanqueidad del edificio**; es más, dada la edad de la edificación, próxima a los 50 años, es razonable deducir de esta prueba que dicha obra le vendría necesariamente para pasar la Inspección técnica (hoy inspección de evaluación) muy próxima en el tiempo, lo que se añade simplemente para salir al paso de la discusión sobre la aplicación el art 17 de la LPH al supuesto enjuiciado, tratándose de una obra necesaria en la que la demandada no discute las otras posibilidades de reparación integral valoradas por la junta y la aprobada, sino como hemos dicho, entre aquella y una actuación parcial descartada en su día».

Sobre la legitimación del propietario para entablar acciones judiciales al respecto, citamos la sentencia de la AP de León n.º 145/2016, de 8 de mayo, ECLI:ES:APLE:2016:468, que expone:

«La anterior doctrina evidencia, que el actor en su condición de propietario, está plenamente legitimado para ejercer las acciones en beneficio de la comunidad, y en el caso que nos ocupa, las obras como se deduce del informe pericial que se acompaña al escrito demanda, derivan del estado actual del inmueble, y de la falta de mantenimiento y conservación, y van encaminadas a la conservación del mismo e indudablemente se presentan como necesarias. Tales obras encajan en el apartado a) del art. 10.1 de la LPH , que se refiere a: «Los trabajos y las obras que resulten necesarias para el adecuado mantenimiento y cumplimiento del deber de conservación del inmueble y de sus servicios e instalaciones comunes, incluyendo en todo caso, las necesarias para satisfacer los requisitos básicos de seguridad, habitabilidad y accesibilidad universal, así como las condiciones de ornato y cualesquiera otras derivadas de la imposición, por parte de la Administración, del deber legal de conservación». Dichas obras, conforme señala el art. 10.1. Tendrán carácter obligatorio y no requerirán de acuerdo previo de la Junta de propietarios, impliquen o no modificación del título constitutivo o de los estatutos, y vengan impuestas por las Administraciones Públicas o solicitadas a instancia de los propietarios.
Añadiendo el art. 10.2. Teniendo en cuenta el carácter de necesarias u obligatorias de las actuaciones referidas en las letras a) del apartado anterior, procederá lo siguiente: a) Serán costeadas por los propietarios de la correspondiente comunidad o agrupación de comunidades, limitándose el acuerdo de la Junta a la distribución de la derrama pertinente y a la determinación de los términos de su abono.
Pues bien, encontrándose el actor tanto en su condición de propietario, como en virtud de la naturaleza de las obras que se solicitan para el inmueble, legitimado para interesar la ejecución de las mismas y habiéndose tal y como se razona amplia y detalladamente en la sentencia de instancia, en la Junta de Constitución de la Comunidad de Propietarios, de fecha 18 de diciembre de 2010, adoptado el acuerdo respecto a la necesidad de acometer las obras de reparación de la cubierta del edificio de dos plantas, celebrándose nueva Junta el 19 de marzo de 2011, para el examen y elección de los presupuestos, sin llegar a ningún acuerdo, unido a los desencuentros que se evidencia en torno a la ejecución de las expresadas obras por la empresa que encarga la apelante, así como la necesidad de acudir a otro procedimiento anterior, entre el actor y la apelante, para solventar la ejecución de otras obras que fue preciso realizar en el mismo edificio, la posibilidad de un acuerdo de la Junta se presenta inviable, máxime cuando lo que se cuestiona básicamente es la distribución de la derrama, de ahí que se deba coincidir con el Juzgador de instancia, que el acuerdo

de la Junta era imposible, y que la única vía que le quedaba al actor como comunero afectado, para lograr que se lleven a cabo las obras que se precisan ejecutar en los elementos comunes del inmueble, y para que se determine el coste que a cada uno de los copropietarios le corresponde asumir, es la judicial, de ahí que resulte indudable su legitimación para promover la demanda».

SÉPTIMO.- COSTAS

Solicitamos las expresa imposición de costas a la parte demandada de conformidad a los establecido en los arts. 394 y 395 de la LEC; toda vez que la parte demandada ha actuado con total pasividad, al no atender los razonamientos y exposiciones que se le hizo en su día intentando solventar esta cuestión.

OCTAVO.- IURA NOVIT CURIA

En todo lo no invocado resulta de aplicación el principio *iura novit curia*, plasmado en el párrafo segundo del punto primero del artículo 218 de la Ley de Enjuiciamiento Civil, en virtud del cual serán aplicables las demás normas que sean de pertinente, especial o general aplicación, y que el juzgador podrá tener en cuenta de oficio sin necesidad de que hayan sido previamente alegadas o invocadas por alguna de las partes intervinientes.

En su virtud,

SUPLICO AL JUZGADO tenga por presentado este escrito junto con sus copias y documentos adjuntos, los admita, les de la tramitación legal oportuna y, previo los trámites de rigor, dicte sentencia por la que ESTIME la presente demanda y CONDENE a la demandada a que abone a mi mandante la cantidad de [CANTIDAD EN LETRA] euros ([CANTIDAD EN NÚMERO] euros), todo ello con los intereses legales pertinentes y acuerde la ejecución de las obras necesarias para la sustitución del tejado del edificio en cuestión.

Todo ello con expresa condena en costas a el/la demandado/a.

Por ser de justicia en [LUGAR] a [FECHA].

Ldo. [NOMBRE Y FIRMA LETRADO] Proc. [NOMBRE Y FIRMA PROCURADOR]

OTROSÍ DIGO: Siendo intención de esta parte cumplir con todos los requisitos legales, a tenor de lo previsto en el artículo 231 de la Ley de Enjuiciamiento Civil, se solicita se le diere traslado de cualquier defecto que adoleciere la presente demanda, para la inmediata subsanación de la misma.

En su virtud,

SUPLICO AL JUZGADO:

Que tenga por efectuada la anterior manifestación a los efectos oportunos.

Por ser de justicia, fecha y lugar *ut supra*.

Ldo. [NOMBRE Y FIRMA LETRADO] Proc. [NOMBRE Y FIRMA PROCURADOR]

---

(1) El RD-ley 6/2023, de 19 de diciembre, modifica el artículo 249.1. 8° de la LEC con entrada en vigor el 20/03/2024. El extracto mostrado en este formulario constituye la versión vigente desde esa fecha.

Contestación a la demanda reclamando cantidad por daños derivados de filtraciones

Procedimiento [NÚMERO] [AÑO]

AL JUZGADO DE PRIMERA INSTANCIA DE [LUGAR]

D./Dña. [NOMBRE_PROCURADORCLIENTE], Procurador/a de los Tribunales, en nombre y representación de la **comunidad de propietarios de la C/** [CALLE] núm. [NUMERO] de [CIUDAD], según acredito mediante poder (notarial/*apud acta*) otorgado por su Presidente **D./Dña.** [NOMBRE], **con DNI NÚMERO]** y domicilio en [DOMICILIO], apoderamiento que acompaño como **doc. núm.** [NÚMERO] así como **doc. núm.** [NÚMERO] se adjunta acta en la que se elige al presidente por la comunidad actora, bajo la dirección letrada de **D./Dña.** [NOMBRE_ABOGADOCLIENTE] colegiado núm. [NÚMERO], por el ICA de [LUGAR], ante el Juzgado comparezco y, como mejor proceda en derecho,

DIGO

Que por medio del presente escrito vengo a formular **CONTESTACIÓN A LA DEMANDA DE JUICIO VERBAL** formulada contra mi representado/a en reclamación de cantidad en concepto de daños y perjuicios, de conformidad con los siguientes,

HECHOS

PRIMERO. Conformes con el correlativo

La adversa es propietaria del piso [NÚMERO] de [DIRECCIÓN].

Mi mandante es la comunidad de propietarios de dicho edificio en régimen de propiedad horizontal.

SEGUNDO.- Disconformes con el correlativo

La terraza a la que se refiere la adversa es común, pero de uso de privativo.

Su titular ha realizado un uso negligente de dicha terraza, por cuanto las baldosas de su pavimento se encontraban absolutamente deterioradas lo que provocó el deterioro de la tela asfáltica.

Por este motivo se produjeron las filtraciones en el piso de la demandante, por causa imputable exclusivamente al titular del inmueble al que corresponde el uso privativo de la terraza.

Se aporta como documento número [NÚMERO], informe de perito técnico en el que puede comprobarse el estado de las baldosas y su conclusión de que el deterioro no se pudo haber producido de forma reciente, sino que es consecuencia de la dejadez y pasividad durante un largo periodo de tiempo.

En conclusión, mi mandante no está obligada al abono de los gastos derivados de la reparación de las humedades ocasionadas en elemento privativo de la actora.

A los anteriores hechos le resultan de aplicación los siguientes,

FUNDAMENTOS DE DERECHO

I.- COMPETENCIA, LEGITIMACIÓN Y PROCEDIMIENTO

Se acepta lo establecido en la demanda.

II.- REPRESENTACIÓN Y DEFENSA

Mi mandante comparece por medio de procurador y bajo dirección letrada tal y como establecen, respectivamente, los artículos 23 y 31 de la Ley de Enjuiciamiento Civil.

III.- FONDO DEL ASUNTO

Conforme establece el artículo 9 de la LPH es obligación de cada propietario mantener en buen estado de conservación las instalaciones privativas en términos que no perjudiquen a la comunidad o a los otros propietarios.

Es jurisprudencia menor consolidada la que establece que, el titular de la vivienda que tiene atribuido su uso viene obligado a sufragar los gastos surgidos de las obras necesarias para su aprovechamiento como tales terrazas y la comunidad los de impermeabilización siempre que los daños no sean causados por la negligencia o dolo del titular del piso:

> SAP de Málaga, n.º 378/2021, de 9 de junio, ECLI:ES:APMA:2021:1644
>
> *«La naturaleza mixta de dicho elemento común (cubierta del edificio constituida por material pisable), que se constituye como de aprovechamiento exclusivo en beneficio de los propietarios de los pisos, y, por otra parte, su condición de cubierta del inmueble, ha dado lugar a una doctrina jurisprudencial que asigna al titular de la vivienda los gastos surgidos de las obras necesarias para su aprovechamiento (obras de conservación y obras de reparación derivadas del uso de la terraza) y, más concretamente, las que afectan a su superficie o pavimento, y a la comunidad de propietarios las precisas para mantenerlas en buen estado como cubiertas, como las de impermeabilización, cambios de desagües, etc., siempre y cuando tales daños no sean causados por la negligencia o dolo del titular del piso a cuyo nivel se encuentran (sentencias del Tribunal Supremo de 14 de noviembre de 1991, 17 de febrero de 1993 y 17 de diciembre de 1997, recogidas en múltiples resoluciones de las Audiencias Provinciales). La misma doctrina se aplica cuando la consideración de las terrazas sea la de elemento privativo de los titulares del piso a cuyo nivel se encuentran o desde el cual se accede a las mismas si constituyen cubierta del edificio (sentencia del Tribunal Supremo de 30 de abril de 1993)».*

> SAP de A Coruña, n.º 413/2011, de 20 de octubre, ECLI:ES:APC:2011:3191
>
> *«Con respecto al deber de conservación que recae sobre el propietario individual, conviene diferenciar dos clases de obligaciones: las que tiene hacia las instalaciones generales y demás elementos comunes del edificio, sean de uso general o privativo y estén o no incluidos en su piso o local, que no son otras que las de respetar y hacer un uso adecuado de los mismos, evitando que causen daños o desperfectos (art. 9.1 a) LPH); y las que afectan a su propio piso o local e instalaciones privativas, que comprenden la de mantenerlo en buen estado de conservación, en términos que no perjudiquen a la comunidad o a los otros propietarios (art. 9.1 b) LPH), de manera que la obligación, positiva y de hacer, consistente en el mantenimiento de dichos elementos e instalaciones sólo resulta exigible al propietario en el segundo caso, esto es, cuando afecte a su piso o instalaciones privativas, pero no cuando se refiera a los elementos comunes, aunque sean de uso privativo. Por ello, cuando el expresado deber de mantenimiento afecte a las instalaciones generales o a elementos comunes del edificio cuyo uso exclusivo corresponda un propietario individual, o que están incluidos en su piso o local, la obligación que éste tiene de respetarlos y cuidarlos no se extiende, en principio, a la realización de obras de conservación o reparación, salvo que su necesidad provenga de un uso inadecuado o poco diligente de los mismos susceptible de causar daños o desperfectos, según se desprende del*

art. 9.1 a) y g) de la LPH, sin que baste a tal efecto el simple deterioro producido por el paso del tiempo o por el uso normal dichos elementos o instalaciones. Además, en reciprocidad con el derecho de la comunidad a realizar las obras que sean necesarias para el adecuado sostenimiento y conservación del inmueble y de sus elementos comunes, inherente al expresado deber, es obligación de cada propietario consentir en su piso o local las reparaciones que exija el servicio del inmueble y permitir la entrada en el mismo a estos efectos (art. 9.1 c) y d) LPH)».

SAP de A Coruña, n.° 374/2012, de 24 de septiembre, ECLI:ES:APC:2012:2441

«O dicho con otras palabras es criterio predominante el que asigna al titular de la vivienda, que tiene atribuido su uso, los gastos surgidos de las obras necesarias para su aprovechamiento como tales terrazas y, más concretamente, las que afectan a su superficie o pavimento, y a la comunidad de propietarios las precisas para mantenerlas en buen estado como cubiertas, cuales las de impermeabilización, cambios de desagües, etc. siempre y cuando tales daños no sean causados por la negligencia o dolo del titular del piso a cuyo nivel se encuentran (S.T.S. 14 de noviembre de 1.991 , 17 de febrero de 1.993 y 17 de diciembre de 1.997)».

IV.- IURA NOVIT CURIA

En todo lo que no se haya alegado resulta de aplicación el principio *iura novit curia* de acuerdo con lo que establece el artículo 218 de la Ley de Enjuiciamiento Civil.

VI.- COSTAS

Se impondrán a la parte demandante de conformidad con el art. 394 de la Ley de Enjuiciamiento Civil.

Por lo expuesto,

SUPLICO AL JUZGADO que tenga por presentado este escrito con sus documentos, se sirva en admitirlo y tenga por presentada **CONTESTACIÓN A LA DEMANDA DE JUICIO VERBAL** frente a mi mandante y, previos los trámites legales oportunos, dicte en su día sentencia por la que desestime la demanda, con expresa imposición de costas.

Es Justicia que pido en [LOCALIDAD] a [DÍA] de [MES] de [AÑO].

Firma [NOMBRE_ABOGADO_CLIENTE]
Firma [NOMBRE_PROCURADOR_CLIENTE]

OTROSÍ DIGO que, es intención de esta parte cumplir con todos los requisitos legales, conforme al artículo 231 de la LEC

SUPLICO AL JUZGADO que nos dé traslado de cualquier defecto de que adoleciere la presente contestación, para su inmediata subsanación.

Es justicia que pido, fecha y lugar ut supra

Firma [NOMBRE_ABOGADO_CLIENTE]
Firma [NOMBRE_PROCURADOR_CLIENTE]

Escrito requiriendo al promotor/constructor a subsanar defectos por grietas en vivienda

D./Dña. [NOMBRE PROPIETARIO]

[DOMICILIO PROPIETARIO]

TLF. [NÚMERO]

A/A D./Dña. [NOMBRE PROMOTOR-CONSTRUCTOR]

[DIRECCIÓN PROMOTOR-CONSTRUCTOR] **(1)**

Muy Sr./Sra. mío/a:

Mediante la presente, y en mi calidad de propietario del inmueble sito en [ESPE-CIFICAR], piso [NÚMERO], del cual ha sido la mercantil que usted representa [NOM-BRE], promotora/constructora, pongo en su conocimiento que en los últimos días se han producido una serie de goteras y humedades en diversas partes del inmueble, más agravadas en las zonas de [ESPECIFICAR] las cuales entendemos que debe proceder a reparar en su obligación para con nosotros contraída, al ser, ya no solo el constructor, sino también el promotor/vendedor del propio inmueble, y ello en atención a la legislación y jurisprudencia actual.

Constándonos que no ha sido nuestro piso el único que se ha visto afecto por estas deficiencias, pues también se han producido en una pluralidad de viviendas del mismo inmueble, es claramente deducible, como se ha reflejado con anterioridad, la obligación que le corresponde de repararlas en su posición de promotor/constructor.

Quedando a su disposición para todo aquello que estime de relevancia en relación al particular interesado, le indicamos que si en el plazo de [NÚMERO] días no tenemos contestación alguna por su parte, nos veremos en la obligación de ejercitar las pertinentes acciones legales que a nuestros derechos convengan.

A estos efectos, le indicamos que puede contactar con nosotros mediante [ESPECIFICAR]. **(2)**

Sin otro particular, reciba un cordial saludo.

En [LUGAR] a [FECHA]

[NOMBRE Y FIRMA DEL PROPIETARIO]

---

(1) Se debe proceder a una comunicación fehaciente: copia con firma de recepción del promotor, burofax con contenido certificado, conducto notarial, etc.

(2) Es conveniente reflejar un medio de comunicación que deje constancia de las comunicaciones, a los efectos de poder acreditar la ruptura, en su caso, de una posible alegación de prescripción de acciones.

Demanda de juicio verbal de indemnización por daños y perjuicios por responsabilidad extracontractual por humedades causadas por un vecino

AL JUZGADO DE PRIMERA INSTANCIA DE
[LOCALIDAD] QUE POR TURNO CORRESPONDA

D./D.ª [NOMBRE_PROCURADOR_CLIENTE] procurador/a de los tribunales, colegiado/a n.º [NÚMERO_COLEGIADO/A] en nombre y representación de D./D.ª [NOMBRE_CLIENTE], mayor de edad, con DNI/NIE n.º [NÚM. DOCUMENTO], con domicilio a efectos de notificación [DOMICILIO_CLIENTE]; según se acredita mediante la copia de la escritura de poder especial para pleitos que, debidamente bastanteada, acompaño y cuya devolución intereso para otros usos, ante el juzgado comparezco y, como mejor proceda en derecho, que cumplimiento con las instrucciones recibidas, **DIGO:**

Mediante el presente escrito en la representación que ostento, formulo **DEMANDA DE JUICIO VERBAL** en ejercicio de la **ACCIÓN DE RECLAMACIÓN DE LA CANTIDAD** de [CANTIDAD] euros por responsabilidad extracontractual, contra D./D.ª [NOMBRE_PARTE_CONTRARIA] con domicilio en [DOMICILIO_PARTE_CONTRARIA], demanda que baso en los hechos y fundamentos de derecho que se detallan a continuación.

El/La demandante, D./D.ª [NOMBRE_CLIENTE], es asistido/a en este pleito por el/la letrado/a D./D.ª [NOMBRE_LETRADO/A_CLIENTE] y representado/a por el/la procurador/a que suscribe. Todo ello con base en los siguientes,

HECHOS

PRIMERO.- Mi representado/a, D./D.ª [NOMBRE_CLIENTE], es único/a y legítimo/a propietario/a de la vivienda sita en la comunidad de propietarios de [ESPECIFICAR] en el edificio [ESPECIFICAR], que responde a la siguiente descripción:

[DESCRIPCIÓN].

Así resulta de la escritura de compraventa otorgada y autorizada el día [DÍA] de [MES] de [AÑO] por el notario de [DOMICILIO_NOTARIO] D./D.ª [NOMBRE_NOTARIO], que por fotocopia legitimada acompaño como **documento n.º** [NÚMERO] citando como original obrante con el n.º [NÚMERO_ESCRITURA] en el protocolo de dicho notario.

SEGUNDO.- El piso de mi mandante es colindante con los pisos [ESPECIFICAR] y en una altura superior se encuentran los pisos [ESPECIFICAR].

TERCERO.- En fecha [ESPECIFICAR], la vivienda de mi mandante se comenzó a llenar de humedades y, toda vez que las mismas empezaron a empeorar, se procedió a llamar al propio seguro [ESPECIFICAR_COMPAÑÍA_DE_SEGUROS] y acudió a valorar el siniestro el perito [ESPECIFICAR] el cual indicó en su informe que las mismas se estaban produciendo por mor de [ESPECIFICAR], aspecto este de obligada subsanación por parte del vecino de la comunidad [ESPECIFICAR] propietario del piso [ESPECIFICAR] sito en una altura superior a la de la vivienda propiedad de mi cliente.

Acompañamos como **documento n.º** [NÚMERO] informe del perito D./D.ª [NOMBRE_PERITO].

Corroborando lo anterior se acompaña como **documento n.º** [NÚMERO] informe pericial de D./D.ª [NOMBRE], en el que se puede observar claramente las humedades producidas, así como la causa de las mismas y, por ende, la responsabilidad del/la demandado/a.

Asimismo, como **documento n.º** [NÚMERO] acompañamos fotografías suficientemente expresivas del lamentable estado en que quedó la vivienda de D./D.ª [NOMBRE_CLIENTE].

CUARTO.- Mi mandante, tanto por medio verbal, como por escrito mediante burofax con contenido certificado que acompañamos a la presente demanda como **documento n.º** [NÚMERO] efectuó comunicación fehaciente al propietario del piso [ESPECIFICAR], en aras de proteger sus derechos, temiendo tener que llegar a la presente vía judicial.

Vía judicial a la que se le obliga ante la dejadez de la parte demandada de hacer frente al problema raíz que estaba produciendo humedades y menoscabando la vivienda de la hoy actora.

QUINTO.- Los daños causados fueron reparados, por lo que, con la acción ejercitada se pretende conseguir el total resarcimiento del daño sufrido en la vivienda de mi mandante, reclamándose la cantidad de [ESPECIFICAR_CANTIDAD].

Adjuntamos facturas de las reparaciones efectuadas para eliminar las humedades en la vivienda de mi mandante como **documentos n.º** [NÚMERO] **a n.º** [NÚMERO].

A los anteriores hechos le son de aplicación los siguientes,

FUNDAMENTOS DE DERECHO

PRIMERO.- JURISDICCIÓN Y COMPETENCIA

Corresponderá a los juzgados de primera instancia, que por turno correspondan atendiendo al artículo 45.1 de la LEC, conocer del fondo del asunto.

La competencia territorial corresponderá al tribunal del domicilio del demandado de acuerdo con el artículo 50 de la LEC.

SEGUNDO.- CAPACIDAD Y LEGITIMACIÓN

Ambas partes se encuentran capacitadas y legitimadas en virtud de los artículos 6 y 10 de la LEC.

TERCERO.- POSTULACIÓN Y DEFENSA

Esta parte actúa representada por procurador y asistida por letrado, de acuerdo con lo establecido en los artículos 23 y 31 de la LEC.

CUARTO.- PROCEDIMIENTO Y CUANTÍA

De acuerdo con los artículos 249.2 de la LEC, el procedimiento a seguir será el del juicio ordinario al tratarse de demanda cuya cuantía es superior a los 15.000 euros (1).

La cuantía queda fijada, de acuerdo con el artículo 253 de la LEC, en la cantidad de [CANTIDAD_LETRA] euros ([CANTIDAD_NÚMERO] €), de los cuales [CANTIDAD] euros corresponden a los daños especificados y valorados en [ESPECIFICAR] del Hecho [NÚMERO], y las restantes [CANTIDAD] euros a los prudencialmente estimado como valor de los otros daños y perjuicios no cuantificados por ahora, pero asimismo reseñados en el HECHO [ESPECIFICAR] correspondientes a los daños y perjuicios causados a mi mandante.

QUINTO.- FONDO DEL ASUNTO

El **artículo 1902 del Código Civil**: *«El que por acción u omisión causa daño a otro, interviniendo culpa o negligencia, está obligado a reparar el daño causado».*

En este sentido la **sentencia del Tribunal Supremo n.º 1140/1995, de 30 de diciembre. ECLI:ES:TS:1995:6795**, que reza el tenor literal siguiente:

> «Esta Sala se basa en la doctrina jurisprudencial de la causalidad adecuada o eficiente para determinar la existencia de relación o enlace entre la acción u omisión, causa, y el daño o perjuicio resultante, efecto, pero siempre termina afirmando que opta decididamente por soluciones y criterios que le permitan valorar en cada caso sí el acto antecedente que se presenta como causa tiene virtualidad suficiente para que del mismo se derive, como consecuencia necesaria, el efecto dañoso producido, y que la determinación del nexo causal debe inspirarse en la valoración de las condiciones o circunstancias que el buen sentido señale en cada caso como índice de responsabilidad, dentro del infinito encadenamiento de causas y efectos, con la abstracción de todo exclusivismo doctrinal, pues, como se viene repitiendo con reiteración, si bien el artículo 1902 descansa en un principio básico culpabilístico, no es permitido desconocer que la diligencia requerida comprende no sólo las prevenciones y cuidados reglamentarios, sino además todos los que la prudencia imponga para prevenir el evento dañoso, con inversión de la carga de la prueba y presunción de conducta culposa, así como la aplicación, dentro de unas prudentes pautas, de la responsabilidad basada en el riesgo, aunque sin erigirles en fundamento único de la obligación de resarcir, todo lo cual permite entender que para responsabilizar una conducta, no sólo ha de atenderse a esa diligencia exigible según las circunstancias personales, de tiempo y lugar, sino, además, al sector del tráfico o entornos físico y social donde se proyecta la conducta, para determinar si el agente obró con el cuidado, atención y perseverancia apropiados y con la reflexión necesaria para evitar el perjuicio (Sentencias de 23 de marzo de 1984, 1 de octubre de 1985, 2 de abril y 17 de diciembre de 1986, 17 de julio de 1987, 28 de octubre de 1988, 19 de febrero de 1992)».

Por otra parte, la acción civil de resarcimiento la ejercita mi mandante en calidad de perjudicado y legitimado activamente, dentro del plazo hábil para ello, es decir, antes del transcurso de un año, de acuerdo con el artículo 1968 del Código Civil).

La parte demandada, [NOMBRE_PARTECONTRARIA], está legitimada pasivamente para soportar esta demanda, pues de haber procedido con la diligencia debida, las goteras, filtraciones y humedades no se habrían producido.

El **artículo 1093 del Código Civil**: *«Las (obligaciones) que deriven de actos u omisiones en que intervenga culpa o negligencia no penadas por la ley, quedarán sometidas a las disposiciones del capítulo II del título XVI de este libro».*

SEXTO.- COSTAS

Deberán imponerse al demandado por imperativo del artículo 394 de la ;LEC.

SÉPTIMO.- *IURA NOVIT CURIA*

En todo lo no invocado resulta de aplicación el principio *iura novit curia*, plasmado en el párrafo segundo del punto primero del artículo 218 de la LEC, en virtud del cual serán aplicables las demás normas que sean de pertinente, especial o general aplicación, y que el juzgador podrá tener en cuenta de oficio sin necesidad de que hayan sido previamente alegados o invocados por alguna de las partes intervinientes.

Por lo expuesto,

SUPLICO AL JUZGADO:

Teniendo por presentado este escrito, se sirva admitirlo, tenerme por comparecido y parte en la representación que ostento de D./D.ª [NOMBRE_CLIENTE], por formulada demanda de juicio ordinario en reclamación de la cantidad [CANTIDAD_LETRA] euros ([CANTIDAD]€) por daños y perjuicios derivados de la responsabilidad extracontractual contra D./D.ª [PARTE_CONTRARIA], previos trámites legales oportunos, se sirva dictar sentencia por la que **SE DECLARE**:

1. Que la parte demandada es responsable extracontractual de los daños causados a mi mandante por las humedades y goteras causadas en la vivienda de mi mandante.

2. Que la parte demandada debe abonar a mi mandante la cantidad de [CANTIDAD] euros, por los conceptos especificados en [ESPECIFICAR] del Hecho [ESPECIFICAR] más los intereses legales que sean procedentes, y la cantidad que en fase probatoria o de ejecución de sentencia se establezca en concepto de daños y perjuicios que se fija inicialmente en [CANTIDAD] euros.

Y en su virtud, **SE CONDENE**:

1. A pagar a mi representado/a la suma de [CANTIDAD] euros, por los conceptos especificados en los epígrafes [ESPECIFICAR] del Hecho [ESPECIFICAR], y con aplicación de los dispuesto en el artículo 576 de la LEC respecto a los intereses legales.

2. A pagar a mi representado la cantidad que resulte acreditada por los daños y perjuicios referenciados en [ESPECIFICAR] del Hecho [ESPECIFICAR], según tasación pericial de los mismos a practicar en la fase probatoria del pleito y cuya valoración inicial asciende a [CANTIDAD] euros.

3. Al pago de las costas judiciales por imperativo legal y su evidente temeridad y mala fe en caso de oponerse a nuestras justas pretensiones.

Por ser justicia que se pide en [LOCALIDAD] a [DÍA] de [MES] de [AÑO].

Firma abogado/a

[FIRMA]

Firma procurador/a

[FIRMA]

---

(1) El RD-ley 6/2023, de 19 de diciembre, modifica el artículo 249 de la LEC con entrada en vigor el 20/03/2024. La cuantía mostrada en este formulario se corresponde con la versión vigente desde esa fecha.

Contestación a la demanda de indemnización por humedades causadas en vivienda vecina

AL JUZGADO DE PRIMERA INSTANCIA DE [LOCALIDAD] **N.º** [NÚMERO]

D./D.ª [NOMBRE_PROCURADOR/A_CLIENTE], procurador/a de los tribunales, colegiado/a n.º [NÚMERO_COLEGIADO/A] en nombre y representación de D./D.ª [NOMBRE_CLIENTE], con NIF. núm. [NÚM. DOCUMENTO], con domicilio a efectos de notificación [DOMICILIO_CLIENTE]; según se acredita mediante la copia de la escritura de poder especial para pleitos que, debidamente bastanteada, acompaño y cuya devolución interesa para otros usos, ante el juzgado comparezco y, como mejor proceda en derecho, que cumplimiento con las instrucciones recibidas, **DIGO:**

Mi mandante D./D.ª [NOMBRE_CLIENTE], se halla asistida en este pleito por el/la abogado/a y representado por el/la procurador/a que suscribe.

Habiéndome sido conferido traslado de la demanda de juicio ordinario en reclamación de daños y perjuicios derivados de responsabilidad extracontractual, promovida contra mi mandante por D./D.ª [NOMBRE_PARTE_CONTRARIA], mediante el presente escrito paso a formular **CONTESTACIÓN A LA DEMANDA** con base en los siguientes Hechos y Fundamentos de Derecho:

HECHOS

PRIMERO.- Conformes con el correlativo: la adversa es propietaria del piso [ESPECIFICAR].

Mi mandante es D./D.ª [ESPECIFICAR] propietaria del piso [ESPECIFICAR]

SEGUNDO.- Niego todas y cada una de las alegaciones vertidas por la actora en su escrito de demanda, salvo aquellas que sean expresamente reconocidas por esta parte en el presente escrito.

TERCERO.- La demanda presenta a mi mandante como la causante de los daños derivados de la rotura de una bajante ubicada en [ESPECIFICAR] y como consecuencia la autora de numerosas humedades y goteras en la vivienda de D./D.ª [PARTE_DEMANDANTE].

Pero en realidad, ambas son perjudicadas por la rotura de la referida bajante ya que la misma es un elemento común, por consiguiente, es responsabilidad de la comunidad de propietarios el mantenimiento de las mismas, así como la reparación de daños.

Se aporta como **documento n.º** [NÚMERO] informe del perito técnico D./D.ª [NOMBRE] en el que puede comprobarse el estado de las bajantes y su conclusión es que su deterioro se debe en mayor medida por la dejadez y pasividad por parte de la comunidad de propietarios durante un largo periodo de tiempo.

En conclusión, mi mandante no está obligada al abono de los gastos derivados de la reparación de las humedades y goteras ocasionadas en la vivienda de la actora.

A los anteriores hechos le resultan de aplicación los siguientes,

FUNDAMENTOS DE DERECHO

PRIMERO.- Conformes con los correlativos en cuanto a **competencia, legitimación y procedimiento.**

SEGUNDO.- FONDO DEL ASUNTO

De acuerdo con el **artículo 396 del Código Civil** son elementos comunes del edificio:

> «Los diferentes pisos o locales de un edificio o las partes de ellos susceptibles de aprovechamiento independiente por tener salida propia a un elemento común de aquél o a la vía pública podrán ser objeto de propiedad separada, que llevará inherente un derecho de copropiedad sobre los elementos comunes del edificio, que son todos los necesarios para su adecuado uso y disfrute, tales como el suelo, vuelo, cimentaciones y cubiertas; elementos estructurales y entre ellos los pilares, vigas, forjados y muros de carga; las fachadas, con los revestimientos exteriores de terrazas, balcones y ventanas, incluyendo su imagen o configuración, los elemento de cierre que las conforman y sus revestimientos exteriores; el portal, las escaleras, porterías, corredores, pasos, muros, fosos, patios, pozos y los recintos destinados a ascensores, depósitos, contadores, telefonías o a otros servicios o instalaciones comunes, incluso aquéllos que fueren de uso privativo; los ascensores y las instalaciones, conducciones y canalizaciones para el desagüe y para el suministro de agua, gas o electricidad, incluso las de aprovechamiento de energía solar; las de agua caliente sanitaria, calefacción, aire acondicionado, ventilación o evacuación de humos; las de detección y prevención de incendios; las de portero electrónico y otras de seguridad del edificio, así como las de antenas colectivas y demás instalaciones para los servicios audiovisuales o de telecomunicación, todas ellas hasta la entrada al espacio privativo; las servidumbres y cualesquiera otros elementos materiales o jurídicos que por su naturaleza o destino resulten indivisibles.
>
> Las partes en copropiedad no son en ningún caso susceptibles de división y sólo podrán ser enajenadas, gravadas o embargadas juntamente con la parte determinada privativa de la que son anejo inseparable.
>
> En caso de enajenación de un piso o local, los dueños de los demás, por este solo título, no tendrán derecho de tanteo ni de retracto.
>
> Esta forma de propiedad se rige por las disposiciones legales especiales y, en lo que las mismas permitan, por la voluntad de los interesados».

En este sentido cabe mencionar la **sentencia de la Audiencia Provincial de A Coruña n.º 219/2007, de 18 de junio, ECLI:ES:APC:2007:1604**, señala:

> «No cabe dudar que las bajantes generales tienen carácter de elemento común, ya que se trata de las conducciones o canalizaciones para el desagüe a que se hace referencia como carácter general en el artículo 396 del Código Civil, y no puede hacerse distinción entre este elemento y la unión del mismo con cada uno de los pisos (...)».

Asimismo, la **sentencia de la Audiencia Provincial de Salamanca n.º 407/2012, de 11 de julio, ECLI:ES:APSA:2012:507**:

> «Será obligación de la Comunidad la realización de las obras necesarias para el adecuado sostenimiento y conservación del inmueble y de sus servicios, de modo que reúna las debidas condiciones estructurales, de estanqueidad, habitabilidad, accesibilidad y seguridad (art. 10 de la Ley 49/1960 sobre Propiedad Horizontal). También que la Comunidad es en principio responsable de los daños que resulten de la ruina de todo o en parte del edificio o de los daños causados por las cosas que cayeren de la casa o parte de ella. Por tanto, la Comunidad es responsable de los daños que han producido la rotura de las bajantes que no fueron reparadas adecuadamente por esta».

TERCERO.- COSTAS

Se impondrán a la demandante de conformidad con el art. 394 de la LEC.

Por lo expuesto,

SUPLICO AL JUZGADO:

Tenga por presentado este escrito con sus documentos, se sirva a admitirlo y en su virtud tenga presentada **CONTESTACIÓN A LA DEMANDA DE JUICIO ORDINARIO** frente a D./D.ª [PARTE_CONTRARIA] y, previos los trámites legales oportunos, dicte en su día sentencia por la que desestime la demanda, con expresa imposición en costas.

Es justicia que pido en [LOCALIDAD], A [DÍA] de [MES] de [AÑO].

Firma abogado/a

[FIRMA]

Firma procurador/a

[FIRMA]

Demanda de juicio ordinario sobre establecimiento temporal de una servidumbre de paso de materiales

AL JUZGADO DE PRIMERA INSTANCIA DE
[LOCALIDAD] **QUE POR TURNO CORRESPONDA**

Don/Doña [NOMBRE_PROCURADOR_CLIENTE], procurador de los tribunales, en nombre y representación de **Don/Doña** [NOMBRE_CLIENTE], con [DOMICILIO_CLIENTE] y provisto de DNI n.º [NÚMERO], presidente de la comunidad de vecinos [ESPECIFICAR] de la cual ostenta la representación; según se acredita mediante [DESCRIPCIÓN] que se acompaña como **documento n.º** [NÚMERO] y bajo la dirección letrada de **don/doña** [NOMBRE_ABOGADO_CLIENTE], colegiado n.º [NÚMERO_COLEGIADO_ABOGADO_CLIENTE] ICA [LOCALIDAD], ante el juzgado comparezco y, como mejor proceda en derecho, **DIGO:**

En virtud de la representación conferida y siguiendo instrucciones de mi mandante, por medio del presente escrito paso a formular **DEMANDA DE JUICIO ORDINARIO (1) sobre establecimiento temporal de una servidumbre de paso de materiales y andamiaje,** contra don/doña [NOMBRE_PARTE_CONTRARIA], con [DOMICILIO_PARTE_CONTRARIA] y provisto del NIF [NÚMERO] y todo ello con base a los siguientes,

HECHOS

PRIMERO.- Mi mandante, el cual es presidente de la comunidad de vecinos del edificio sito en [DIRECCIÓN], convocó una junta extraordinaria de vecinos en fecha [FECHA] con la finalidad de aprobar en junta el arreglo y el presupuesto para la reparación de unas humedades en la fachada que habían estado dando problemas a la comunidad [ESPECIFICAR] y que requerían ser subsanadas de inmediato.

Se acompaña como **documento n.º** [NÚMERO] **y documento n.º** [NÚMERO], copia del acta de la junta celebrada en fecha [FECHA] y copia del presupuesto aprobado en junta.

SEGUNDO.- Para efectuar ese saneamiento de la fachada, la empresa [NOMBRE] que se iba a encargar de esos desperfectos necesitaba de forma inevitable acceder al patio de luces del bloque de edificios colindante [NOMBRE_DEMANDADA] para colocar unos andamios y poder realizar la obra. En fecha [FECHA] mi representado se dirige a la comunidad demandada a través de un escrito de solicitud, con la finalidad de que le permitan llevar a cabo la colocación del instrumental necesario. La demandada se niega, alegando que podrían causarse daños en su patio, o simplemente porque no desean lidiar con la colocación del andamio durante el periodo de tiempo en el que transcurran las obras.

Se acompaña copia de la petición enviada por mi mandante y la contestación a dicha petición, como **documento n.º** [NÚMERO] **y n.º** [NÚMERO].

TERCERO.- Ante esta negativa, la comunidad decide acudir a un perito, don/doña [NOMBRE], colegiado n.º [NÚMERO], para que elabore un informe sobre la necesidad que existe de acceder a ese patio ya que no hay otra vía colocar el instrumental y arreglar las humedades.

Se acompaña copia del informe emitido por el profesional como **documento n.º** [NÚMERO].

CUARTO.- Nuevamente y, adjuntando copia del informe del perito, se dirige mi mandante a la comunidad de vecinos demandada enviando un requerimiento para que se le permita el paso. La demandada se niega por segunda vez.

Ante esta actitud decide la comunidad a la que represento acudir a la vía judicial.

Se acompaña burofax emitido en fecha [FECHA] como **documento n.º** [NÚMERO] y contestación negativa como **documento n.º** [NÚMERO].

A los anteriores hechos, resultan de aplicación los siguientes,

FUNDAMENTOS DE DERECHO

I.- JURISDICCIÓN Y COMPETENCIA

Resulta competente el juzgado al que me dirijo en virtud de los artículos 21 y 22 de la LOPJ y artículo 52.1.1 de la LEC.

II.- PROCEDIMIENTO

Se sustanciará por los trámites del procedimiento ordinario en virtud de los artículos 248.3 y 249.2 de la LEC **(1)**.

Para determinar la cuantía del procedimiento se seguirá la regla establecida en el art. 251. 5ª de la LEC.

III.- LEGITIMACIÓN Y CAPACIDAD

La legitimación activa corresponde a mi mandante por ser titular de una relación jurídica, mientras que la legitimación pasiva pertenece a los titulares del predio en el que es necesario colocar andamios y pasar materiales (artículo 569 del Código Civil y el artículo 10 de la LEC).

Ambas partes poseen capacidad para actuar en procedimientos judiciales, y en concreto en el presente, de conformidad con lo dispuesto en el art. 6 y ss. de la LEC.

IV.- POSTULACIÓN

De conformidad con lo dispuesto en los artículos 23.1 y 31.1 de la LEC, mi mandante comparece representado por procurador/a y asistido por abogado/a.

V.- CUANTÍA

En virtud de lo dispuesto en el artículo 251. 5ª de la LEC, la cuantía de la presente demanda asciende al importe total de [CANTIDAD_LETRA] euros ([CANTIDAD] euros).

VI.- FONDO DEL ASUNTO

Dispone el **artículo 569 del Código Civil** lo siguiente:

> «Si fuere indispensable para construir o reparar algún edificio pasar materiales por predio ajeno, o colocar en él andamios u otros objetos para la obra, el dueño de este predio está obligado a consentirlo, recibiendo la indemnización correspondiente al perjuicio que se le irrogue».

La **sentencia del Tribunal Supremo n.º 615/2015, de 16 de noviembre, ECLI:ES:TS:2015:4713**, reza el tenor literal siguiente:

> «El artículo 569 del Código Civil contempla dos supuestos diferenciados: por un lado, el simple paso de materiales por predio ajeno, y por otro lado la colocación en él de andamios u otros objetos para la ejecución de la obra proyectada, siendo así que mientras en el primer caso puede no producirse perjuicio alguno, en el segundo lo normal es que la mera ocupación suponga ya un perjuicio en cuanto priva al dueño de la utilización plena de su fundo; y, por tanto, fuera de los casos excepcionales en que se compruebe que ello no afecta negativamente a tal uso, resulta adecuada la fijación de una indemnización por la simple ocupación como ha hecho la sentencia que se recurre.

No impide tal establecimiento la consideración de la norma como constitutiva de una regulación de las relaciones de vecindad y no de una servidumbre, pues si en aquellas se da una relación recíproca de servicio entre los predios nada impide que —como hace la ley— se fije una indemnización para cada caso en que uno de ellos se sirva del otro».

VII.- COSTAS

En aplicación del artículo 394 de la LEC, deberán imponerse las costas al demandado.

VIII.- *IURA NOVIT CURIA*

En todo lo no invocado resulta de aplicación el principio *iura novit curia,* plasmado en el párrafo segundo del artículo 218.1 de la LEC, en virtud del cual serán aplicables las demás normas que sean de pertinente, especial o general aplicación, y que el juzgador podrá tener en cuenta de oficio sin necesidad de que hayan sido previamente alegadas o invocadas por alguna de las partes intervinientes.

Por lo expuesto,

SUPLICO AL JUZGADO:

Teniendo por presentado este escrito, con sus copias y documentos que lo acompañan, se sirva admitirlo, me tenga por comparecido y parte en la representación que ostento y por promovida **DEMANDA DE JUICIO ORDINARIO (1)** sobre establecimiento temporal de una servidumbre de paso de materiales y andamiaje contra don/doña [NOMBRE_PARTE_CONTRARIA], y en su día se dicte sentencia en la que, estimando íntegramente la demanda, se declare:

- Que existe el derecho al paso de personas, materiales y colocación de andamios y demás objetos en la finca del demandado, siendo ello indispensable para realizar la obra, tal y como consta en el informe pericial adjunto como **documento n.º** [NÚMERO] **UNICA Y EXCLUSIVAMENTE** para [ESPECIFICAR] y por un tiempo de [ESPECIFICAR] y ello con la obligación de indemnizar al demandado el perjuicio que por tal motivo se le irrogue y que estimamos en la cuantía que en su caso se determine en ejecución de sentencia, condenando al demandado a estar y pasar por dicha declaración.

Por ser justicia en [LUGAR], a [DÍA] de [MES] de [AÑO].

[FIRMA_ABOGADO]   [FIRMA_PROCURADOR]

OTROSÍ DIGO: siendo intención de esta parte cumplir con todos los requisitos legales, a tenor de lo previsto en el artículo 231 de la LEC, se solicita se le diere traslado de cualquier defecto que adoleciere la presente demanda, para la inmediata subsanación de esta.

SUPLICO AL JUZGADO:

Tenga por efectuada la anterior manifestación a los efectos oportunos

Por ser de justicia, fecha y lugar *ut supra.*

[FIRMA_ABOGADO]   [FIRMA_PROCURADOR]

---

(1) Corresponde la tramitación mediante juicio ordinario en caso de que la cuantía del proceso supere los quince mil euros (art. 249.2 de la LEC). Para el supuesto que no supere dicha cuantía se decidirá en juicio verbal (art. 250.2 de la LEC). El RD-ley 6/2023, de 19 de diciembre, modifica los artículos 249 y 250 de la LEC con entrada en vigor el 20/03/2024.